教育政策入門 2　渡辺一雄・編

学校の制度と機能

玉川大学出版部

シリーズ発刊にむけて

　近年の教育をめぐる国民的関心は、学力低下、自殺や問題行動、教師の指導力、地域ぐるみの教育行政改革など枚挙に暇がない。さらに、いわゆる「子どもの貧困」への対応が喫緊の課題となっている。
　一方、知識基盤社会と言われる今日、知識の生産、継承、活用のカギを握る大学は、急速に変化する社会的要請に対して説明責任を果たせなければ存続自体が許されない状況の中で、大学本来の使命をいかに主張していくかが厳しく問われている。
　このように、教育をめぐって課題が山積していることについては合意が得られても、では今どういう手を打つべきか、という話になると、答えはそう簡単には見つからない。教育については、事実上すべての人が、それぞれ自分の知識や経験にもとづいて一家言を持っている。しかし、それぞれ異なる知識や経験にもとづいて議論しようとすると、議論がかみ合わなかったり、その問題についてはそれでよくても全体としてつじつまが合わなかったり、別の人たちと議論すると方針が変わったりすることになりかねない。みんなで議論してより良い方法を見つけていくためには、子どもたちをめぐる現状や過去の経験、研究の成果や諸外国の取り組みの状況などについての正確な知識が必要である。
　一例をあげよう。明治以降西欧に遅れて「近代化」をスタートした我が国は、中央集権体制のもと、国家主導で、先進知識の導入、国家のリーダーなどのための高等教育と国民教化のための（大衆の）初等教育の普及という両極から教育の近代化を急速に進めた。中等教育は国力の強化につれて上昇する就学率の受け皿として、同時に高等教育への結節として整備されたと言われる。
　しかし、別の見方もできる。我が国の学校教育は、「近代化」以前から、寺子屋や私塾の伝統を持ち、明治期には村々で人々がお金を出し合って学校を作り、高まる国民の進学意欲に押される形で、特に中等後教育については（少なくとも量的には）私立の教育機関を中心に、（あたかも生物が環境に適応して進化するように）自律的に発達してきた。国の政策や制度は、むしろこのような地方・民間主体の教育システムを支えるために必要なものとして構築されてきたとも言える。
　このような国の近代化と教育制度の拡充の戦略は、資源の乏しい後発国としての我が国の発展原理として、確かな根拠を有してきた。しかし、これは果たして「不易」の原理なのだろうか。それとも、これからの日本の持続的発展を支える装

置として、基本的に異なる原理が構築されるのだろうか。他方で、教育を出世や経済発展のツールとしてとらえる功利的な教育観は、果実に気をとられて根や幹をないがしろにする傾向をも内包してきたとも言われる。そのことが、教育費の多くを家計に依存する今日の教育財政の構造の背景となっているとすれば、教育費問題は、教育政策の問題であると同時に、あるいはそれ以上に、国民一人一人の教育観の問題としてとらえるべきなのだろうか。

ここで重要なことは、先に述べた二つの見方のどちらが正しいか、ということではなく、与えられた問いに対して、二つの一見正反対に見える両方の側面から考えることができる、ということである。

本シリーズは、学生のみならず、教育に関心を持つ幅広い層の読者を対象に、教育について建設的な議論を行うための基盤として共有しておきたい事柄を、できるだけわかりやすく、整理して提供しようとするものである。

編集・執筆は、教育行政の実務に携わってきた経験者に加え、気鋭の研究者の参画も得て分担した。執筆にあたっては、制度の経緯や趣旨などの事実の解説または選択肢の提示を基本としつつ、各章ごとに執筆者の個性がある程度出ることは尊重することとした。

ただし、記述が個人的な見解にわたる場合も、現職の文部科学省職員であってもあくまで個人の見解であり、組織としての見解ではないことをお断りしておかなければならない。

大学や地方教育行政に関わっておられる方々の教育研究、実践の場において広く活用されることを願うものであるが、これから関係各分野の第一線で活躍することを企図する学生たちの学習テキストとしても用いていただきたい。

最後に読者からの忌憚のないご批判、ご叱正を賜ればと願うものである。

平成22年3月

編集代表	渡辺　一雄	玉川大学教育学部教授
編集委員	合田　隆史	文化庁次長
	布村　幸彦	文部科学省スポーツ・青少年局長
	村田　直樹	日本学術振興会理事

はじめに

　第1巻では、我が国の近・現代化の歴史的背景をなした教育政策の動向を通観するため、明治以降、特に戦後教育に重きをおいてその展開を法制史、子ども観、教師観、そして学校観という視点に立って、いわば総論的、理念的にたどっている。

　それに続く第2巻では、明治以降とりわけ戦後における教育制度の展開を教育行政上重要な政策課題を取り上げ、制度が実際どのように機能しているかにまで分析を行い、実態を明らかにしようとした。そして、その場合にできるだけ客観的にかつ、時には執筆者の見解、思いをにじませながら論述しようとした。

　教育という営みは、一人ひとりの児童生徒の多彩な個性の伸長を目指すがゆえに、多様な価値観に根ざすものである。また、子どもたちを取り巻く社会環境の変化は近年予想を超えて加速化している。そうしたなか、その内容は「不易と流行」という言葉に象徴されるように、教育の上で大切にしなければならないものは何か、柔軟に見直すべきものは何か、その間で国民の声を受け止め、悩み考えながら政策の制度設計に携わってきた執筆者の備忘録という面も有しながら記述されている。

　第2巻には、教育行政上の政策課題がすべて取り上げられたわけではない。今日の主要な内容の中から教育課程、教科書、幼児教育、特別支援教育、地方教育行政、そして教育行財政の六つの政策課題をできるだけ最新のデータとともに採り上げた。さらに、教育基本法の改正と道徳教育の変遷の二つのテーマを重視し、前者は独立した章を設け、後者については第1章の特論（補節）としてそれぞれ掲載した。
　第1巻との関係では「各論編」と言える。
　これら八つの課題等を通して、戦後社会の加速化する変化を背景に教育行政はどのような理念にもとづき制度を見直してきたのか、行政課題にどのように応えようとしたのかなどを、そして学校を中心とする教育制度のいくつかの側面を振り返った内容となっている。

　分担執筆であるがゆえに全体としての整合性は十分取れてはいないが、最近の具体的データ等を駆使するなどして分かりやすく記述しようとした。また、政策への評価や国民の受け止め方などを十分に分析・検証できたものではない。

しかし、これらを通して戦後の教育制度の大きな流れを先ず俯瞰していただき、幼稚園から高校までの学校制度の基本的な考え方を理解してもらいたい。
　その結果、学校制度の今日的課題や未来のあり方を考える一助となれば幸いである。

平成22年3月

第2巻執筆者代表　布村幸彦

目次

シリーズ発刊にむけて ……………… 2
はじめに ………………………… 4

◆

第1章　教育課程──教育課程行政の戦後の流れと今日の学力をめぐる課題 ……………… 14

第1節　教育課程の意義および構成 ……………… 15

(1) 教育課程の定義 ……………… 15

(2) 教育課程の編成 ……………… 16

第2節　教育課程をめぐる権限論 ……………… 17

(1) 日本国憲法の教育規定 ……………… 17

(2) 教育権能をめぐる論点（学テ判決の考え方・要旨）……………… 18

第3節　学習指導要領の法的性格と沿革 ……………… 22

(1) 学習指導要領の法的仕組み ……………… 22

(2) 学習指導要領の戦後の沿革 ……………… 23

戦後教育の再建（昭和20（1945）～27（1952）年）昭和22年版、26年版の二つ「試案」の時代／経済社会の発展に対応した教育改革（昭和27（1952）～46（1971）年）系統重視、告示により基準としての性格を明確化（33年版）／「教育内容の現代化」による教育内容の拡充（43年版）／安定成長下の教育の質的改善（昭和46（1971）～59（1983）年）／ゆとりある充実した学校生活の実現／臨時教育審議会以降の教育改革（昭和59（1984）～平成12（2000）年）個性重視、生涯学習体系への移行と対応／社会の変化に自ら対応できる心豊かな人間の育成／「ゆとり」の中で「生きる力」を育む（10年版）／学力低下論争「ゆとり教育批判」／新しい時代にふさわしい教育の確立（平成12（2000）年～現在）／

学習指導要領の「基準性」の明確化／学習指導要領の改正につながる法律改正の主なポイント／「生きる力」の実現

(3) 学習指導要領のあり方————41

補節　道徳教育の変遷————42
演習問題————47
戦後の道徳教育の変遷————48

コラム◎外的条件整備限定説————20／「教科過程」から「教育課程」へ————24／国旗・国歌にかかわる規定————26／「生きる力」の提示————30／高校必履修科目の未履習の処理————33／学習指導要領の改訂をめぐる課題————36／全国学力・学習状況調査————40／脳科学と教育————49

◆

第2章　教育基本法の改正————52

第1節　教育基本法の性格————53

第2節　教育基本法の改正————55

(1) 改正の背景・経緯————55

(2) 改正の理由および概要————56

(3) 教育基本法の主な改正内容————62

(4) 教育基本法の改正後の取り組み————76

演習問題————77

コラム◎教育基本法の制定の経緯————53／我が国と郷土を愛する心と態度————57／

◆

第3章　幼児教育————78

第1節　幼児教育制度の沿革と基本的内容 —— 79

(1) 幼稚園と保育所の歴史 —— 79

(2) 幼稚園の行財政制度 —— 83
　学校教育法／幼稚園に対する補助制度／幼稚園教育振興計画の策定

(3) 幼稚園の教育内容の変遷 —— 88
　保育要領／幼稚園教育要領の改定（昭和39年）／幼稚園教育要領の改定（平成元年）／幼稚園教育要領の改訂（平成10年）／幼稚園教育要領の改訂（平成20年）／幼児教育の変化

第2節　保育所に関する法制度 —— 91

(1) 児童福祉法 —— 91

(2) 保育所保育指針 —— 92

第3節　幼稚園と保育所の一元化論に関する論点 —— 92

(1) 幼保問題 —— 92
　文部省・厚生省共同通知（昭和38年）／中央教育審議会答申（昭和46年）／昭和50年代以降の議論

(2) 幼稚園と保育所の連携 —— 96

(3) 認定こども園制度 —— 98

第4節　幼児教育の無償化 —— 101

演習問題 —— 111

コラム◎子どもの最善の利益を求めて —— 104／『セサミストリート』のねらい —— 107

◆

第4章　特別支援教育 ——112

第1節　特別支援教育の理念と歴史 ——113
(1) 特別支援教育の理念 ——113
(2) 特別支援教育の歴史 ——113
　　特殊教育の変遷／特殊教育から特別支援教育へ

第2節　特別支援教育の現状と諸問題等 ——118
(1) 特別支援教育の現状 ——118
(2) 就学指導をめぐる諸問題 ——121
　　認定就学制度／就学義務の猶予・免除
(3) 特別支援教育をめぐる国際的な動向 ——125

第3節　特別支援教育の今後の課題 ——128
(1) 特別支援教育推進体制の整備 ——128
(2) 教員の専門性の向上 ——129
(3) 特別支援教室構想 ——130
(4) その他の課題 ——130

演習問題 ——131

◆

第5章　教科書 ——132

第1節　教科書制度の歴史的沿革と現行制度　——133

(1) 教科書の意義、種類　——133
　　意義／使用義務／種類

(2) 教科書の歴史的沿革　——134
　　江戸時代以前の教材／明治から戦前までの変遷／戦時下の教科書

(3) 諸外国の教科書制度　——137

第2節　教科書の検定　——138

(1) 検定制度　——138

(2) 検定の手続き—検定規則　——138

(3) 検定基準　——140

(4) 検定の結果の公表　——141

(5) 検定済図書の訂正—検定規則13条　——142

補節　家永教科書訴訟——憲法、教育基本法上の争点　——144

(1) 表現の自由、検閲の禁止（憲法21条）に反するか否か　——144

(2) 学問の自由（憲法23条）、教育の自由（憲法26条）、教育内容への関与（教育基本法10条）に反するか否か　——145

(3) 法治主義（憲法13条、41条、73条6号）に反するか否か　——145

第3節　教科書の採択と無償給与　——146

(1) 採択の権限　——146
　　共同採択／採択および供給の方法／開かれた採択

(2) 教科書の無償給与　——148

義務教育教科書無償給与制度の趣旨／制度の沿革と対象等／無償給与の予算

第4節　教科書のあり方（演習問題に代えて） 153

コラム◎いわゆる「近隣諸国条項」について 141／訂正制度をめぐる話題 142／教科書をめぐる二項対立的議論 150／拡大教科書を知っていますか 152

◆

第6章　地方教育行政 156

第1節　教育委員会制度の成立と展開 157

(1) 教育委員会とは何か 157

(2) 戦前の学校教育と地方教育行政 159

(3) 教育委員会の誕生——戦後の教育行政の民主化、地方分権化 160

第2節　教育委員会制度の展開 162

(1) 教育委員会法の問題点 162
　設置単位の問題／教育委員公選制の問題／人事権の所在

(2) 地方教育行政の組織および運営に関する法律の成立 164
　政治的中立性の確保／教育行政の継続性・安定性の確保／住民意思の反映

(3) 地方教育行政法をめぐる論点——東京都中野区の準公選制をめぐって 165

第3節　教育における地方分権の進展 167

(1) 地方分権一括法——団体自治の強化 167
　教育長の任命承認制度の廃止／指導、助言、援助の規定の改正／市町村立学校に関

する都道府県の基準設定権の廃止

(2) 地方教育行政法の改正——住民自治の強化————170

(3) 学校運営協議会制度の創設————171

第4節　教育委員会の廃止、選択制の議論————172

(1) 地方分権、規制改革の中で————172

(2) 教育委員会の責任体制の明確化————174

第5節　教育委員会制度の今後の課題————178

(1) 運用の一層の改善————178

(2) 教育委員に求められる役割————179

演習問題————183

コラム◎地方教育行政法の改正における県費負担教職員の人事権————176／教育委員会の活性化————180

◆

第7章　教育財政と教育費————184

第1節　日本の教育財政制度の展開————185

(1) 近代教育財政の展開————185

(2) 教育財政————187

第2節　教育予算の現状————188

(1) 国の教育予算————188

学校の人的体制整備／学校施設・設備／義務教育教科書購入費／就学援助／私学助成／その他の教育予算／地方交付税交付金

(2) 地方教育費──194

第3節　教育関係税制──195

(1) 私立学校（学校法人）に関する優遇措置──195

(2) 寄付に関する優遇措置──195

(3) 教育費負担の軽減措置──195

第4節　教育に対する公財政支出と教育費負担──196

(1) 教育費負担の現状──196
　　公財政支出教育費／家計負担

(2) 教育費に関するいくつかの論点──198
　　教育費は誰が負担すべきか／教育費の家計負担のあり方を考える視点

第5節　日本の財政と今後の展望──203

(1) 日本の財政──203

(2) 教育投資の効果と今後の展望──203

演習問題──207

■資料　地方交付税制度の概要──207

コラム◎新しい学校づくり──205

参考文献一覧──212
執筆者一覧──216

第1章───教育課程
教育課程行政の戦後の流れと今日の学力をめぐる課題

　学校教育の対象である児童生徒に何をどのように教え、その成果をどのように評価するか、またその成果を指導の改善にどのように生かしていくかは教授＝学習過程の重要なサイクルを構成する要素である。
　戦後の学校教育の要を成す教育課程は我が国社会の発展を支える児童生徒の成長、発達の実態に即応し、教育に対する時代の要請を受けて改善が図られてきた。
　本章ではこうした教育課程に関する基本的な流れに沿って、主要な事項を取り上げ、同時に学力をめぐる今日の課題と解決の方向性について述べることとする。
　また、教育課程行政のなかでも重要な意義を持つ道徳教育の変遷についても論述することとした。

第 1 節　教育課程の意義および構成

(1) 教育課程の定義

　教育課程とは、学校において教育する内容を教科の学問的体系をふまえ、かつ、児童生徒の心身の発達段階に応じて体系的、計画的に組織編成したものを言う。学校において作成する教育課程の基準として「学習指導要領」を文部科学大臣が作成し公示している。

　すなわち、教育課程を編成する権限は各学校にあるが、憲法、教育基本法の理念を実現し、学校教育の目的や目標を達成するためには、児童生徒の発達段階に応じて、組織的かつ体系的に、教育理念を実現するに必要な教育活動が展開されることが求められる。全国どこにおいても一定水準の教育を受ける機会を国民に保障するため、我が国では国（文部科学大臣）が学校教育法などにもとづき教育課程の基準として学習指導要領を定めるという手法を採っている。

　学習指導要領は国民として共通に身につけるべき教育の内容を示した国の基準として、各学校が教育課程を編成するにあたり従わなければならない。学習指導要領は教育課程の基準として文部科学大臣が官報に告示しており、法体系の中に位置づけられ、法的拘束力を有している。それとともに、各学校においては、学習指導要領にもとづき、それぞれ主体性を発揮して、創意工夫を生かした特色ある教育課程を編成することが期待される。

　また、学習指導要領の基準性が近年話題となっている。かつては、最高裁判決もふまえて、大網的基準と言われていたが、最近は全員に共通に指導すべき内容を示しているという意味では最低基準性、あるいは共通基準性を有しているとも言われている。

(2) 教育課程の編成

　教育課程は国が、学校が編成する教育課程の基準としての学習指導要領を制定し、学校の設置者である市町村の教育委員会が、教育課程など学校の管理運営の基本的事項について基準を設定、当該地域の特性を生かした教育活動の展開を促しており、これらをふまえて各学校が教育課程を編成し、実施することとなる。

　すなわち、教育課程は学校において編成するものであり、校長の指導下に全教員の協力、役割分担によって作成され、校長が教育課程を決定する。

　教育課程に関して法的に説明すると、教育の実質的な機会均等、国民として共通に身につけるべき教育内容およびその水準を確保するため、学校教育法33、48、55条などを根拠条文とし、文部科学大臣が教育課程の基準として学習指導要領を告示している。

　また、市町村教育委員会は学校を所管する行政機関としてその管理権にもとづき、所管の学校の教育課程編成について基準を設定し、指導助言を行ない特に必要がある場合には具体的な命令を発する、などの機能を果たすこととなる（地方教育行政の組織及び運営に関する法律（地方教育行政法）23、33、43条参照）。

　教育委員会の定める基準は学習指導要領の範囲内で当該地域の特色を打ち出そうとするものであるが、最近は学習指導要領に内容を上乗せする形のA市版学習指導要領を作成する動きが出ており、最低基準性を満たした上で、教育課程の多様化につながるものとして期待される動きである。

　そして、校長は学校教育法に定める教育課程にかかわる規定（小学校の場合は29～34条）をふまえ、校長の職務権限（校務をつかさどり、所属職員を監督する37条4項）にもとづき教育課程を編成することとなる。

　なお、学習指導要領は、国で細々と決めすぎており学校現場を拘束し過ぎているかのように言われることがあるが、小学校6年間分のすべての教科の「目標」「内容」「内容の取扱い」が示されていても、全体で105ページに過ぎない。ぜひ手に取り内容を確認してほしい。

第2節　教育課程をめぐる権限論

(1) 日本国憲法の教育規定

《憲法26条》
　第1項　すべて国民は法律の定めるところにより、その能力に応じて、等しく教育を受ける権利を有する。
　第2項　すべて国民は、法律の定めるところにより、その保護する子女に普通教育を受けさせる義務を負ふ。義務教育は、これを無償とする。

　日本国憲法は、明治憲法が教育について明文上の規定を有しなかったのと異なり、26条に教育に関する規定を置いている。
　第1項は、すべての国民にいわゆる社会権的基本権として教育を受ける権利を規定している。この基本権を保障するため、第2項で保護者に子どもに就学させる義務を課しており、このことによって子どもの教育を受ける権利を担保している。また、義務教育は無償とすることを宣言している。
　憲法26条の規定の趣旨を実現するため、「法律の定めるところにより」と同条に規定しているとおり、教育を受ける権利を保障する仕組みや義務教育にかかわる制度を具体化するため、教育基本法や学校教育法が定められている。まず、旧教育基本法は、その前文において民主的で文化的な国家を建設して、世界の平和と人類の福祉に貢献しようとする決意を示しており、この理想の実現は根本において教育の力にまつべきものとうたっていた。
　また、等しく教育を受ける権利を担保するために、国および地方公共団体に対して、経済的理由によって修学が困難な者に対して奨学の設置を講じること（教基法4条3項）、教育の機会を保障しその水準を確保するため義務教育の実施

に責任を負うこと（同5条3項）、国公立の学校における義務教育については授業料を徴収しないこと（同条4項）などを求めている。

　そのほか、学校教育法や、いわゆる義務教育の学級編制および教職員定数の標準法、教科書無償法などが義務教育年限や就学援助の仕組みなどを具体的に規定している。

《憲法23条》
　学問の自由は、これを保障する。

　自由権的基本権としての学問の自由には、学問研究の自由と研究結果の教授の自由を含むと解されている。
　このことは、学術の中心として真理の探究を行うため、自主性、自律性が尊重されなければならない大学（高等教育）においてはそのままあてはまるが、普通教育を行う初等中等教育段階の小・中・高等学校においては、児童生徒が発達段階の途上にあり十分な判断力、批判力を有していないことから、教師の教授の自由は一定の制約が伴うものと解されている。
　なお"普通教育"とは、日本国民として身につけることが必要な教養や社会人としての資質などの教育内容を、すべての児童生徒に共通に教育するものということができる。選ばれたものに行う「高等教育」、将来の職業や各分野の専門性をふまえて、希望する者が選択する職業教育や専門教育とは対置されるものである。一般的には小学校、中学校および高等学校のいわゆる普通科教育などを含んでいる。

（2）教育権能をめぐる論点（学テ判決の考え方・要旨）

　教育課程や教育方法など教育内容を決定する権限は、親にあるのか、教師にあるのか、国にあるのか。

〇憲法26条の規定は、子どもの教育は、教育を施す者の支配的権能ではなく、何よりもまず、子どもの学習をする権利に対応し、その充足をはかりうる者の責務に属するものとしてとらえられている。

〇親は、親権にもとづき、子どもを教育する自由を有すると認められるが、この自由は、主として家庭教育など学校以外の教育や学校選択の自由に現れる。

〇私立学校における教育の自由や教師の教授の自由も、それぞれ限られた一定の範囲において肯定するのが相当。普通教育においては、児童生徒に教授内容を批判する能力がなく、教師が児童生徒に対して強い影響力、支配力を有すること、また、子どもの側に学校や教師を選択する余地が乏しいこと、教育の機会均等、水準の確保の要請などに照らし、普通教育における教師や私立学校に完全な教授の自由を認めることは許されない。

〇国は、社会公共的な問題について国民全体の意思を組織的に決定、実現すべき立場にあり、広く適切な教育政策を樹立・実施すべき者として、子ども自身の利益の擁護や子どもの成長に対する社会公共の利益と関心にこたえるため、必要かつ相当と認められる範囲において、教育内容についてもこれを決定する機能を有するものであり、これを否定すべき理由ないし根拠はどこにも見い出せない。

〇もとより、教育に政治的影響が深く入り込む危険があることを考えるときは、教育内容に対する国家的介入はできるだけ抑制的であることが要請される。特に、子どもの自由かつ独立の人格として成長することを妨げるような国家的介入、例えば、誤った知識や一方的な観念を子どもに植えつけるような内容の教育を施すことを強制することは憲法の規定からも許されない。

〇中学校学習指導要領は、教育における機会均等の確保と全国的な一定の水準の維持のための大網的基準にとどまり、教師による創意工夫、地方ごとの特殊性を反映した個別化の余地を残しているものとして、少くとも法的見地からは、

上記目的のために必要かつ合理的な基準の設定として是認することができる。

　以上が、昭和51年5月21日、最高裁判所が判示した、旭川学力テスト事件にかかわる判決理由の概要である。戦時中の過度の国家主義的教育介入の反省に立ち、教育権能の帰属について、教育の中立性の担保の観点から教育内容への国の関与の権限を前提としつつも、抑制的であることを求めている。
　ちなみに、この当時の学習指導要領は、後述のように精選の流れ以前のものであり、「内容」に示された項目は量的に最も多く、質的にも高い段階のものであり、それを大網的基準にとどまるものと最高裁は評価している。近年の精選された学習指導要領の持つ最低基準という基準性との関係をよく吟味する必要がある。

◎コラム　**外的条件整備限定説**

《旧教育基本法10条》（教育行政）
　第1項　教育は、不当な支配に服することなく、国民全体に対し直接に責任を負って行われるべきものである。
　第2項　教育行政は、この自覚のもとに、教育の目的を遂行するに必要な諸条件の整備確立を目標として行われなければならない。

　旧教育基本法10条1項の「不当な支配」の主体、「直接に責任を負う」ことの意味、同2項の「諸条件」の内容などの論点をめぐり、「不当な支配とは公権力の行使に当たる者の支配であるとする見解」、「教員の教育権限独立説」（国民に直接責任を負えるのは教育実践者である教員のみという主張）、「諸条件の整備＝教育内容を含まず、外形的な条件整備に限定されるとする見解」など、一部の教育法学者などから法律のみならず、「教育の条理」を根拠と

する多彩な見解が導き出されたが、いずれも最高裁判決により否定されている。

例えば、「憲法に適合する有効な他の法律の命ずるところをそのまま執行する教育行政機関の行為がここにいう『不当な支配』となりえないことはあきらかである（が）」、「教育に対する行政権力の不当、不要の介入は排除されるべきであるとしても、許容される目的のために必要かつ合理的と認められるそれは、たとえ教育の内容および方法に関するものであっても、必ずしも同条（旧10条）の禁止するところではない、と解するのが、相当である。」などと判示している。

旧10条は、新16条において「教育は、不当な支配に服することなく、この法律および他の法律の定めるところにより行われるべきものであり……」と改定され、法にもとづく教育行政は不当な支配に当たらないことが明確となっている。

このように、旧教育基本法10条をめぐっては、諸説が展開され、教育権限は誰に所属するものか、排他的な論争が積み重ねられてきた。排他的であるがゆえに建設的な論争とはならず、子どもの教育する権利を保障するシステムの整備などにつながる、教育基本法の見直しに至ることはこれまでなかった。今回の教育基本法改正により、約30年前の最高裁判決をふまえて、法律に則った教育行政は不当な支配に当たらないことを明文化したこととなる。

第3節　学習指導要領の法的性格と沿革

(1) 学習指導要領の法的仕組み

　学習指導要領は、学校教育法の規定にもとづいて、文部科学大臣が「文部科学省告示」として、学校の教育の内容および方法の基準として定めたもので、法規としての性質を有する。学習指導要領の法的拘束力は教育行政や学校の教職員におよぶもので、教育課程を編成、実施する場合には従わなければならない。すなわち、法的拘束力は教育を担う教育行政主体や学校の教職員におよぶものであり、児童生徒におよぶものではない。

　法制上の仕組みとして、教育基本法の教育の目標（第2条）、義務教育（第5条）、学校教育（第6条）などの規定をふまえ、学校教育法は、義務教育および各学校段階ごとの目的、目標を規定（義務教育21条、幼稚園22、23条、小学校29、30、31条、中学校45、46条など）している。また、教科に関する事項は、文部科学大臣が定める、と規定している（33、48、52条）。

　学校教育法をふまえ、文部科学省令である学校教育法施行規則は、各学校段階ごとの教科等の構成と年間標準授業時数を規定している。また、教育課程の基準として文部科学大臣が別に公示する学習指導要領に従う必要があることを規定している

　学習指導要領は、学校の教育課程編成の基本的考え方や授業時数の取り扱い、配慮事項などを規定した「総則」と、各教科、道徳、総合的学習の時間および特別活動の目標、内容、内容の取扱いを定める、いわゆる「各論」にあたる部分とで構成されている。

教育課程に関する法制

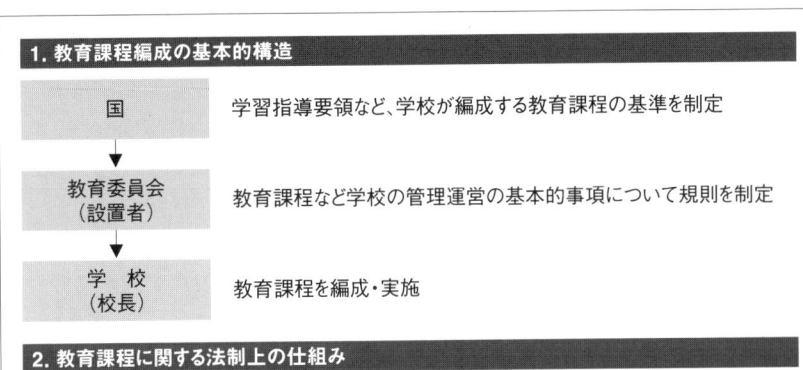

(2) 学習指導要領の戦後の沿革

戦後教育の再建（昭和20（1945）～27（1952）年）
昭和22年版、26年版の二つ「試案」の時代

　敗戦後、占領下における教育の民主化が急がれ、教育刷新委員会の提言にもとづき戦後教育制度の構築が図られていく。

　民主化の理念のもと、昭和22年に憲法および教育基本法が制定され、教育の機会均等、教育水準の維持向上の理念に則って、義務教育の年限延長（6年→9年）、6-3-3-4制の単線型学校体系の導入が学校教育法の制定によってなされた。

　昭和22年4月、新制の小学校および中学校の発足に合わせて、試案としての

学習指導要領が作られている。「試案」という名称の示すとおり、学校や教員に対して法的拘束力を有するものではなく、新たに児童の要求と社会の要求とに応じて生まれた教育課程をどのように生かしていくかを教師自身が自分で研究していく手引きとしてまとめられたものであった。

戦後の新教育は、戦前の知識注入主義、画一形式主義的な面の反省、米国式の教育手法の影響から、経験、体験を重視する流れが生まれた。固定的で制止的で主知的な旧時代の学力から、柔軟性をもち近代的な新しい型の学力（「新学力」）に転換し、問題解決能力、生活処理能力の育成に力点が置かれていた。すなわち、「自由研究」や、新設の社会科など全教科を通じて、生活体験、活動、自発性などの考え方が重視されていた。

戦後新教育に対しては、「自由」「自主性」「興味」「経験」などを新しい教育目標として振り回すものという批判が生まれ、また各種の学力調査により「読み・書き・計算」能力の低下が明らかになり、昭和23、24年ごろから「学力低下」に対する憂慮と非難の声が上がっていた。

◎コラム　「教科過程」から「教育課程」へ

　学校教育法施行規則25条は、昭和22年版では「小学校の教科過程（中略）については、学習指導要領の基準による」と規定していたが、26年版から「教育課程」に変わっている。これは26年の改訂に際し、教科以外の教育的に有効な活動として、特別教育活動を重要視して新たに位置づけるため、「教科」＋「教科以外の活動」の内容や種類を学年別に配当したものを「教育課程」としたことによる。ただし、当時の教育課程観は、教科を中心に最低基準と認識し、教科以外の活動は、地域社会の生活の特性や地域の児童生徒の特性によって異なってしかるべきものとの認識であった。

（傍点筆者付記）

経済社会の発展に対応した教育改革（昭和27（1952）～46（1971）年）
系統重視、告示により基準としての性格を明確化（33年版）

　昭和27年　サンフランシスコ講和条約が締結され、「もはや戦後は終わった」と語られ、昭和35年の池田内閣の「国民所得倍増計画」を機に産業経済が重厚長大型産業を牽引役として高度成長に入り、人材需要が増大した。その結果、教育に対する国民の熱意に所得水準の向上が噛み合って、進学率が高まり、学校教育は量的拡大の段階に入った。

　学力問題や高校の指導要領のコース制の導入をめぐる論議などを背景に33年版の改訂が行われた。制度的には「小学校の教育課程については（中略）教育課程の基準として文部省が別に公示する小学校学習指導要領によるのもとする」との省令改正により、指導要領が、教育課程の基準として法的規範性を有することを明確化した。また文部省公示という法形式で公示することとなった。また、法的規範性を持たせる部分を指導要領として公示し、そうでない参考的、示唆的なものは指導書と区分して示すこととされた。

　内容的には、①道徳教育の徹底を図るため、道徳の時間が特設されたこと、②基礎学力の向上のため、国語、算数・数学の内容の充実と時間数の増、③科学技術教育の向上、④職業陶冶の強化などの改訂が行われた。

　「経験主義から系統学習への変化」、「戦前の学力水準への復帰」などと評され、この改訂への反発を機にカリキュラムの自主編成運動も起こっている。

　昭和32年、旧ソ連の人工衛星打上げ成功が西側諸国でスプートニック（衛星の名称）ショックとして語られ、科学技術教育の現代化（高度化のこと）が課題となっていた。また、道徳教育に関して、「特設道徳」という暫定的なものから、正式なものに位置づけ、道徳教育の一層の充実が目指された。その背景として、昭和39年に少年非行の第2のピークを迎え、シンナーなどの薬物乱用が増加していたことがある。

「教育内容の現代化」による教育内容の拡充（43年版）

　経済社会の発展に伴い、時代の進展に対応した教育内容の導入が求められた。

昭和43～45年の改訂のおいては、高度な内容、最新の研究成果などについても系統的に学習することで子どもたちに理解させることができるとして、教育内容の一層の高度化が図られている。「教育内容の現代化」の名のもと、小学校算数に集合が入り、九九が3年から2年へ、不等号の使用が中学校から小学校へ、分数四則計算の完成が中学校から小学校へと移行している。また、教育漢字の増加、中学校の社会科で公民的分野の創設、小学校社会科での「神話や伝承」の取り上げなどが社会的な話題となった。

　学習指導要領および教科書の内容が量的に拡充し質的にも高度化した。また授業時数も増える中、昭和45年に高校進学率が80％を超えるなど、進学率も上昇していった。知識詰め込み型教育の弊害として、いわゆる七五三教育（学習内容の理解状況が小学生の7割、中学生の5割、高校生の3割のこと）との評価や、受験戦争の激化の声が社会的に拡がりを見せていた。学生紛争とともに高校生の反体制暴走の拡大、少年非行の低年齢化、性や薬物の補導が増加するなど児童生徒の問題行動が広がりを示した。

　このような背景のもと、中央教育審議会から昭和46年に「今後における学校教育の総合的拡充整備のための基本的施策について」（いわゆる「46答申」）が出され、初等中等教育では量的拡充から質的充実を目指し、教育内容の精選と授業時数の削減へと舵が切られていった。

◎コラム　**国旗・国歌にかかわる規定**

　国旗・国歌については、昭和33年版から規定されている。小学校社会科の第6学年において「わが国の国旗をはじめ諸外国の国旗に対する関心をいっそう深め、これを尊重する態度などを養うことが大切である」とされた。
　また、同音楽科において、「『君が代』は各学年を通じ児童の発展段階に即して指導するものとし」と規定された。さらに特別活動の学校行事において、「国民の祝日などにおいて儀式などを行う場合には、児童に対してこれ

らの祝日などの意義を理解させるとともに、国旗を掲揚し、君が代を斉唱させることが望ましい」と規定された。平成元年版からは「入学式や卒業式などにおいては、その意義をふまえ、国旗を掲揚し、国歌を斉唱するよう指導するものとする」と改訂されている。

　国際化の進展に伴い、日本人としての自覚を養い、国を愛する心を育てるとともに、将来、国際社会において尊敬され信頼される日本人として成長していくことが求められる。そのためには、国旗・国歌に対して正しい認識をもたせ、それらを尊重する態度を育てることが重要である。

　国旗・国歌法の内容は国旗・国歌の定義のみで、国民に義務づけを行うものではない。しかし、学校においては国旗・国歌について、前述の趣旨に照らして、入学式や卒業式等において学習指導要領にもとづき指導することとしている。入学式や卒業式は、学校生活に有意義な変化や折り目をつけ、厳粛かつ清新な雰囲気の中で、新しい生活の展開への動機付けを行う上で効果的である。学校、社会、国家など集団への所属感を深めるためにもよい機会となるものである。

安定成長下の教育の質的改善（昭和46（1971）～59（1983）年）

　戦後、経済社会の発展に対応して教育の量的拡充を図る制度改革が重ねられてきたが、中教審の「46答申」は、社会の変化と学校教育との間のギャップをふまえ、新しい教育観を示した。すなわち、学校教育ですべてを完結させるという教育観から脱却し、「生涯教育」の理念を打ち立て、量的拡充から質的充実への転換を求めた。

　人間の一生を通じての成長と発展の基礎づくりとして、国民の教育として不可欠なものを共通に習得させるとともに、豊かな個性を伸ばすことを重視する

必要がある。そのため、初等中等教育の改革として精選された教育内容を人間の発達段階に応じ、また個人の特性に応じた教育方法によって指導できるように改善することを提言している。

1970年代から80年代にかけては、多くの先進諸国においてもカリキュラム改革が重視されていた。

ゆとりある充実した学校生活の実現

中教審46答申をふまえ、昭和52〜53年の改訂では、学習負担の適正化を図ることとした。すなわち各教科等の「目標」「内容」を中核的事項にしぼり、「内容の取扱い」の項から指導に関する事項を大幅に削減し、標準授業時数を約1割削減した。授業時数削減以上に教育内容の精選を行い、指導のための時間的ゆとりを生み出そうとした。

また、学校の創意工夫の余地を拡大することを通して、基礎基本の習得、個に応じた指導の充実を目指すものであった。この指導の考え方は、平成元年版、10年版の新学習指導要領にも受け継がれている。

内容面では、道徳教育や体育を一層重視して、知徳体の調和のとれた人間性豊かな児童生徒の育成を図ることに力点が置かれていた。

また、進学率が90%を超え、生徒が多様化した高等学校では、教育課程編成の大幅な弾力化措置がとられた。卒業に必要な修得単位数の減（85→80単位）、必履修科目の単位数を卒業必要単位数の3分の1への削減や必履修科目の単位減も可能とされた。習熟度別学級編成による指導が新たに規定されたことから、能力主義か平等主義か、の議論も行われた。

「ゆとりと充実」を実現するため、昭和55年から40人学級の実現を図るための教職員定数の改善が図られ、自然体験活動の奨励がなされた。

しかし、校内暴力の頻発、登校拒否の増大が止まず、少年非行第3のピーク（昭和58年）を迎え、またいじめ事件の増加が高じて、いじめによる自殺の増加につながっていった。

昭和48年の第1次オイルショック、高校進学率90%超など社会は大きくその姿を変え、我が国は高齢化、少子化の歩みを早めていた。このような変化へ対応すべく、中曽根総理のもとに臨時教育審議会が設置された。

臨時教育審議会以降の教育改革（昭和59（1984）～平成12（2000）年）
個性重視、生涯学習体系への移行と対応

臨時教育審議会は、教育基本法の改正は議論しないという法律的制約は課されたものの、文部省の枠を離れ総理大臣のもとで教育が語られることにより、経済界、産業界など国民の幅広い層を巻き込んで審議が行われた。その背景には、知識集約型産業への産業構造の変化、国際化・情報化の急速な進展などの大きな社会の変化が横たわり、その下に都市化、核家族化を背景とした家庭や地域の教育力の低下が憂えられていた。学校教育においては、知識詰め込み型教育の弊害や受験戦争の低年齢化が社会的課題として突きつけられ、また、いじめ、不登校にも歯止めがかからなかった。

臨時教育審議会は4次にわたる答申において、教育界そして国民に対して、「個性重視」、「生涯学習体系への移行」、国際化・情報化などの「変化への対応」の三つの視点から改革方策を提言した。そのうち、初等中等教育の改革について第1次答申（昭和60年6月）では、6年制中等学校の設置、単位制高等学校の設置を、第2次答申（61年4月）では徳育の充実、基礎基本の徹底、学習指導要領の大綱化、初任者教員研修制度の導入、教員免許制度の弾力化を求めた。第3次答申（62年4月）では教科書制度の改革、高校入試の改善など幅広い課題を検討し、提言している。

社会の変化に自ら対応できる心豊かな人間の育成

平成元年の改訂では、学力を習得した知識・技能の量として捉える学力観から、知識・技能に加え、自ら考え、判断し、よりよく問題を解決し実現する創造的な資質や能力を学力として捉える「新しい学力観」が標榜された。

新しい学力観に根ざして、学校教育においては、生涯学習社会へのパスポートとして「自己教育力」を育むことが提言され、学ぶ意欲や主体的な学習の仕方の習得や各教科での思考力・判断力・表現力の育成が重視された。

指導要領の改訂においては、小学校では基礎教育の充実を図るため各教科の内容の改善が図られた。特に低学年では、直接体験を学習活動の基本に据え自立への基礎を培うため、理科・社会科に代えて生活科が設置された。国語の時間数も増加されている。

また、四つの視点から内容項目を再構成して道徳教育の充実が図られるとともに、各教科の「内容」に関して、複数学年にわたる内容をまとめて示したり、授業の一単位時間を弾力的に扱うことが出来るようにするなど基準の大綱化、弾力化が図られた。
　中学校では選択履修の幅の拡大が図られている。さらに、小・中・高等学校を通じて、入学式や卒業式などに国旗を掲揚し国歌を斉唱することについて、従前の「望ましい」から「指導するものとする」へと表現が改められ、その取り扱いが明確化された。臨教審答申や課程審答申において、国際化する社会において国旗国歌の指導を充実する必要があると提言されたことにもとづく改訂であったが、国旗国歌について社会的議論が展開された。
　情報化に対応した学校の教育用コンピュータ等の整備、長期宿泊型体験活動の奨励が図られた。
　また、平成4年9月から月1回、同7年4月から月2回の学校週五日制が開始されている。家庭教育への行政の支援も始まっていった。

◎コラム　「生きる力」の提示

　平成8年の中教審答申「21世紀を展望した我が国の教育の在り方について」（第1次答申）は、学校の目指す教育として、「生きる力」の育成を基本とした。
　また生涯学習社会を見据えつつ、学校ですべての教育を完結するという考え方を採らずに、自ら学び、自ら考える力などの「生きる力」という生涯学習の基礎的な資質の育成を重視することを提言した。「生きる力」を支える「確かな学力」「豊かな心」「健やかな体」の調和が重視された。中教審の審議に際して、様々な言葉の提案があり、検討が重ねられていくうちに、「生きる力」が改訂の理念を象徴する言葉として形成されていった。
　答申では次のように提言している。「変化の激しい社会

を担う子どもたちに必要な力は、基礎・基本を確実に身に付け、いかに社会が変化しようと、自ら課題を見つけ、自ら学び、自ら考え、主体的に判断し、行動し、よりよく問題を解決する資質や能力、自らを律しつつ、他人とともに協調し、他人を思いやる心や感動する心などの豊かな人間性、たくましく生きるための健康や体力などの『生きる力』である」。

あわせて、哲学者ホワイトヘッド（1861-1947）の次の言葉の意義が強調されていたことが印象的で、答申においても言及されている。

「あまり多くのことを考えるなかれ。しかし、教えるべきことは徹底的に教えるべし」（ホワイトヘッド）

「ゆとり」の中で「生きる力」を育む（10年版）

中教審答申をふまえ、現行の学習指導要領は平成10年から11年にかけて改訂され、学校週五日制の完全実施とあわせて小・中学校は平成14年度から、高等学校は15年度から実施された。平成元年の改訂の趣旨をさらに発展させ、変化の激しい次の時代を担う子どもたちに必要な力は「生きる力」であるとした上で、「生きる力」を育むために、授業時数の縮減以上に教育内容を基礎的基本的事項に厳選すること、中学校における選択教科の授業時数の増加を行うなど最低基準性を明確化している。また、総合的学習の時間の創設、教科の内容を2学年まとめて示す、授業の1単位時間は各学校が適切に定めるなどの学校の創意工夫の推進も図っている。

改訂の目玉は「総合的学習の時間」の創設にあった。教科の内容を厳選して、基礎的・基本的内容については繰り返し学習させるなどして確実な定着を図ることとした。その上で、作業的・体験的な活動、問題解決的な学習や自分の興味・関心に応じた学習にじっくり取り組めるようにして、学び方や問題解決などの能力の育成を重視している。

そのために小・中学校ともおおむね週3コマの「総合的学習の時間」が創設

されている。時間的な「ゆとり」の中で「生きる力」を育成するため、知識を一方的に教え込むことになりがちであった教育から、自ら学び自ら考える教育へとその基調の転換を図るものであった。

この改訂に対しては、学習内容、方法ともに教員の創意工夫が生かせると歓迎の声がある一方で、何を学ばせるのか、準備が大変、受験に役立たないなど多様な声があがった。また、学級担任制の小学校と教科担任制の中学校では「総合的学習の時間」への取り組みに差が生じている。改訂の趣旨を生かすには条件整備や地域の人材による協力が課題であるとの声が高まっていった。

学力低下論争「ゆとり教育批判」

平成10〜11年に学習指導要領の改訂が実施される前に、昭和52年以降のゆとり教育による大学生の学力低下などの指摘を契機に、マスメディアから「ゆとり教育批判」が生じ、ゆとり教育は是か非かの社会的な議論が高まっていった。知識詰め込みに戻るべきではないという声の一方、産業界、経済界からの国際競争力を弱めるという批判や社会階層化、経済的格差が学力格差を生み、それが拡大再生産されるとの批判もあった。

さらに国際学力調査の結果とも連動して国民的な学力低下論争が展開されている。従来の学力論争が教育界内部の論争という面が強かったこと、また子どもの現象面ではなく、学習指導要領が直接批判の対象となったという点において、これまでの論争とは異なる様相を示している。

新しい時代にふさわしい教育の確立（平成12（2000）年〜現在）

冷戦構造の崩壊、経済社会のグローバル化など社会の変革のもと、いじめ、不登校、学級崩壊、凶悪な青少年犯罪が憂えられ、行き過ぎた平等主義による教育の画一化や教育システムが時代の流れに取り残されつつあるとの批判を背景に、森、小渕総理のもとに「教育改革国民会議」が設置された。

教育改革国民会議の最終報告（平成12年12月）は、人間性豊かな日本人の育成、および一人ひとりの才能を伸ばし創造性に富む人間の育成を掲げ、新しい時代に新しい学校づくりの視点のもと、15の施策の実現とともに、教育基本法の改正、および教育振興基本計画の策定を提言している。

教育改革国民会議の提言をふまえ、文部省で「21世紀教育新生プラン」が策定され、初等中等教育に関しては、心のノートの作成配布、少人数・習熟度別指導の推進、奉仕体験活動の推進、学校評価システムの確立など、確かな学力と豊かな心の育成を目指す施策が展開された。

学習指導要領の「基準性」の明確化
　学習指導要領は、すべての子どもたちに対して指導すべき内容を示す基準としての性格をもつものである。それに加えて、平成15年の一部改訂では、各学校は、子どもたちの実態に応じ、学習指導要領が示していない内容を加えて指導することができることが明確化された。
　言い換えれば、学習指導要領は最低基準であることとともに発展的な学習が可能であることが明確化され、関連して「はどめ規定」の見直しも行われた。
　「はどめ規定」とは、「内容」に示された事項の指導にあたって、量的に多すぎたり、または専門的に高度になりすぎたりすることを防ぐために設けられた規定のことを言う。例：月の満ち欠けは28ではなく3にとどめること。

◎コラム　**高校必履修科目の未履修の処理**

　平成18年秋、富山県の公立高等学校を端緒に、世界史など必履修科目の未履修の実態が判明し、全国5,408校の10%に当たる540校で未履修の生徒が83,743人（全体の7.2%）存在することが判明し、間近に迫る大学入試、就職を控え、再履修や卒業認定をどうすべきかが大きな課題となった。
　解決にあたっては、生徒に責任がなく、やむを得ない場合に当たるとした上で、学校教育法施行規則、学習指導要領の規定をふまえて、緊急の、期間限定の特別措置として、校長が弾力的な措置をとることが可能であることを明確にし、その実行を求めることを通知し、収捨が

図られた。

　すなわち、校長は、生徒の卒業を認定する権限を有し、かつ卒業認定は学習指導要領に拘束され、必履修科目の履修が卒業の要件であることは校長の判断を拘束するものである。

　他方、学習指導要領上、履修は授業が原則と規定してはいるが、どのように履修認定を行うかについては校長に一定の裁量が持たされている。各学校では、校長が学教法等による卒業認定権限にもとづき教務規定を定め、病気等やむを得ない場合には弾力的に対応可能とし、出席要件を満たさなくともレポートなどにより履修を認定することができることとしている。

　そこで、阪神淡路大震災の際の通知と同様に、授業が基本と規定している学習指導要領を定める文部科学省は、学校教育法43条（指導要領の制定権限）を根拠として、今回は授業が基本とすることの例外であり、やむを得ない場合に該当するとした。そして、緊急の期間限定の措置として校長が弾力的な措置をとることが可能であることを通知した。

　その結果、各学校においては、未履修の状況に応じて補修授業やレポートの提出などにより、生徒に不利とならない卒業認定が行われた。

　学習指導要領に規定されている必履修科目が適切に履修されていないことに対し、マスコミはじめ国民各層から問題提起があり、その収拾方策が大きな国民的関心事となった。入試や就職に不公平や不利益を生じさせない改めてことが課題の中心であったが、改めて学習指導要領は私立学校も含めて遵守されなければならないという世論が形成されたことは、学習指導要領の歴史において意義を有するものであった。

平成15年3月、中央教育審議会から、「新しい時代にふさわしい教育基本法と教育振興基本計画の在り方について」の答申が取りまとめられた。平成18年12月教育基本法が改正され、新たに「教育の目標」「生涯学習の理念」「家庭教育」などが規定された。
　さらに19年6月　学校教育法が改正され「義務教育の目標」を規定し、幼稚園から大学までの各学校種の目標・目的が見直された。

学習指導要領の改正につながる法律改正の主なポイント
　今回の学習指導要領は、教育基本法の改正、学校教育法の改正の趣旨をふまえて改訂されたものであり、このような体系的な改正の流れは戦後初である。
　教育基本法第2条（教育の目標）において、公共の精神、生命や自然を尊重する態度、伝統や文化を尊重し、我が国と郷土を愛するとともに国際社会の平和と発展に寄与する態度を養うことなどが、教育の目標として新たに規定され

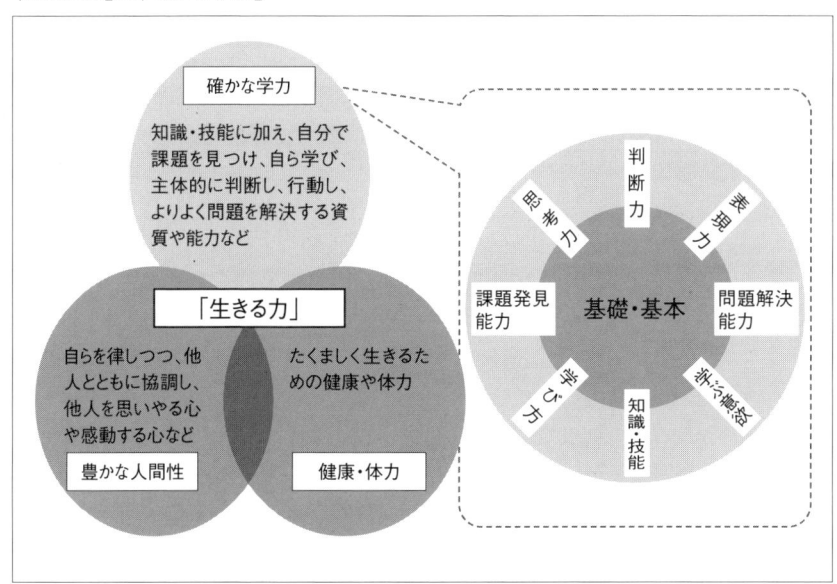

「生きる力」と「確かな学力」

た。この理念や目的をふまえ、各教科等の教育内容をその方向に沿って改善することが求められる。

学校教育法30条2項において、確かな学力を育むにあたって重視すべき要素を法律上明らかにしている。知識か体験かなどの2項対立的な学力論争に国として終止符を打ったものと言える。学力の要素として次の3点を法律上明文化したことは、学力論争の中で特筆されるものである。

①基礎的な知識および技能の習得。
②これらを活用して課題を解決するために必要な思考力、判断力、表現力その他の能力の育成。
③主体的に学習に取り組む態度を養うこと。

◎コラム　**学習指導要領の改訂をめぐる課題**

　学習指導要領はおおむね10年ごとに改訂されてきているが、なぜ10年ごとに全面改訂する仕組みになっているのか。情報化、国際化など社会の変化が速くなっている時代において、迅速な部分的な改訂が必要ではないかとの疑問が生ずる。

　この点については、従前は教育課程審議会を指導要領改訂の動きに合わせてその都度、設置する仕組みであったが、平成13年の審議会全般の見直しに際して、中央教育審議会の中に教育課程部会が常設されることとなった。これにより、必要に応じて随時、教育課程部会を開催することが可能となっており、平成15年には一部改訂が行われた。

　しかし、別の課題も存在している。学習指導要領の改訂の流れは、大臣から審議会へ諮問し、答申まで1～2年、答申から指導要領の改訂まで1～2年、改訂から教科書の編集、検定、採択、配本に3年を要しており、これだけで、

> 5～7年の期間を要することとなる。特に、教科書の作成に要する期間をいかに短くできるか、次の改訂に向けた大きな課題である。

「生きる力」の実現

　平成19～20年改訂の新しい学習指導要領は、「生きる力」をはぐくむため、以下のような基本的考え方にもとづいて編成されている。
①約60年ぶりに改正された教育基本法および、学校教育法の改正等で明確になった教育の理念をふまえ教育内容を改善すること。
②学力の重要な要素である知識・技能の習得と思考力・判断力・表現力等の育成および学習意欲の向上を図るために、授業時数の増を図り、特に言語活動や理数教育を重視すること。
③子どもたちの豊かな心と健やかな体をはぐくむために、道徳教育や体育などを充実すること。

　具体的には、言語活動・理数教育・外国語教育や道徳教育、伝統や文化に関する教育の充実を教育内容の主な改善事項とし、かつそれに必要な授業時数の増加を図っている。授業時数の全体的増加は昭和40年代以来となる。

　今回の改訂においては、平成10年版学習指導要領と同様に「生きる力」の理念は知識基盤社会においてますます重要であるとした。
　しかし、これまで、理念を具体化する手立てが不十分であったとして、次の五つの反省すべき点を明確にした。
①「生きる力」の意味や必要性について、文部科学省による趣旨の周知徹底が必ずしも十分ではなく、教員や国民の十分な共通理解が形成されなかったこと。
②子どもの自主性を尊重するあまり、教師が指導を躊躇する状況もあったこと。
③各教科での知識・技能の習得と総合的な学習の時間での課題解決的な学習や探究活動との間のつながりが十分ではなかったこと。

授業時数の推移

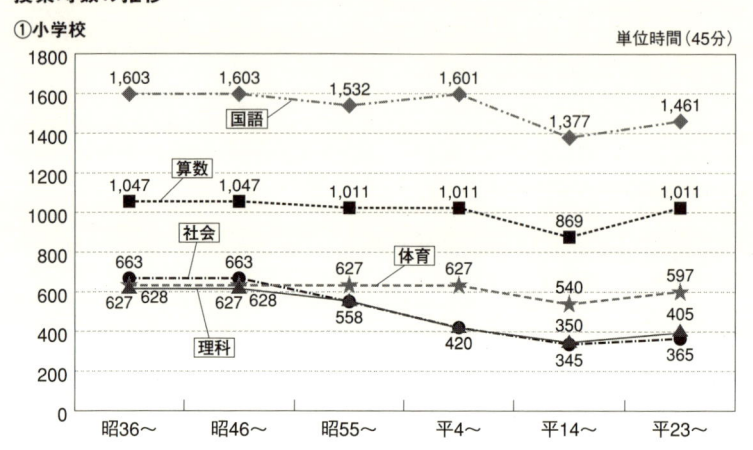

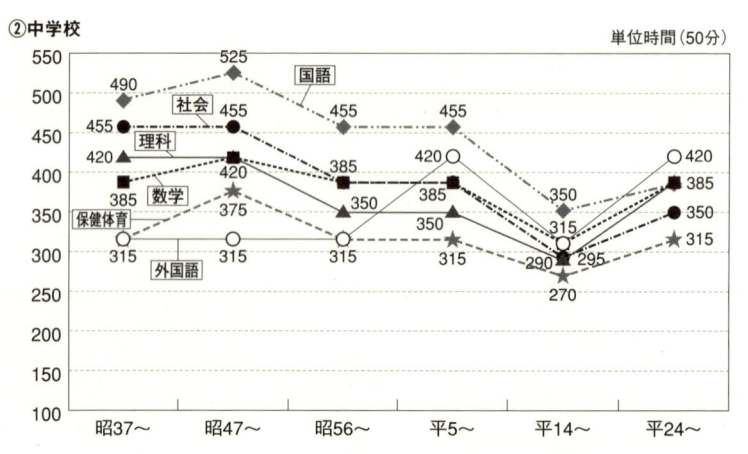

①小学校
単位時間（45分）

（グラフ：昭36〜、昭46〜、昭55〜、平4〜、平14〜、平23〜）

- 国語：1,603／1,603／1,532／1,601／1,377／1,461
- 算数：1,047／1,047／1,011／1,011／869／1,011
- 社会：663／663／627／627／540／597（体育と併記）
- 理科：627／627／558／420／350／405
- 体育：628／628／627／627／345／365

②中学校
単位時間（50分）

（グラフ：昭37〜、昭47〜、昭56〜、平5〜、平14〜、平24〜）

- 国語：490／525／455／455／350／385
- 社会：455／455／385／385／315／350
- 理科：420／420／350／350／290／385
- 数学：385／420／385／420／315／420
- 保健体育：315／315／315／315／295／315
- 外国語：／375／／350／270／315

④ 各教科において、知識・技能を活用する学習活動を行うためには、当時の授業時間では十分ではなかったこと。

⑤ 豊かな心や健やかな体の育成について、家庭や地域の教育力が低下したことをふまえた対応が十分ではなかったこと。

そして、改正教育基本法等をふまえ、「生きる力」はぐくむという理念の実現のため以下の7点の具体的手立ての実現に力点を置くこととした。
① 改正教育基本法等をふまえ、公共の精神の醸成、生命、伝統や文化の尊重などを盛り込むこと。
② 「生きる力」という理念の共有のため、教育関係者、保護者をはじめ国民への説明を行うこと。
③ 基礎的・基本的な知識の確実な定着を図るため、理数教育を中心に国際的通用性をふまえた内容の充実、重要点な指導や繰り返し学習等の指導などの充実。
④ 思考的・判断力・表現力等の育成を図るため、観察・実験、レポートの作成、論述などの知識・技能を活用する学習活動の充実。
⑤ 確かな学力を確立するために必要な授業時数の確保。
⑥ 学習意欲の向上や学習習慣の確立につながる指導内容や方法の工夫。
⑦ 豊かな心や健やかな体の育成のため、言語と体験の重視、道徳教育の充実、体力の向上などの観点からの指導の充実。

学習指導要領は、告示以後、改定の趣旨をあらゆる場面を活用して教師など教育関係者はもとより、保護者や広く社会に対して説明が行われている。

新しい学習指導要領は、幼稚園が平成21年度から、小学校が23年度から、中学校が24年度から、高等学校が25年度から全面実施することになるが、小・中学校については21年度から理数教育を中心に前倒しして先行実施されている。

新学習指導要領の趣旨を実現するためには、指導体制の確立を含む教育条件の整備、教科書や指導方法の改善工夫、入試の改善などの諸施策を総合的に取り組むことが大切である。そのため、例えば、21年度からの先行実施のために、小・中学校の算数・数学、理科の新規追加部分の教材の配布、小学校の外国語活動のための「英語ノート」やCD教材の配布などの条件整備が行われた。本格実施に向け更なる条件整備や指導体制の確立に向けた支援が必要である。

◎コラム　**全国学力・学習状況調査**

　平成19年から約40年ぶりに、小学校6年（国語・算数）、中学校3年（国語・数学）の全児童生徒を対象とする全国学力・学習状況調査が実施されている。平成21年で3回目を数える。

　この学力調査の実施主体は、国（文部科学省）であり、国が各学校の設置者たる市町村教育委員会や学校法人に参加を要請し、各設置者が所管する学校を参加させるか否かを判断している。公立学校の場合には、地教行法23条17号、54条2項に根拠を置く調査となっており、法的な義務付けは行われていない。

　この調査のねらいは、国として全国の児童生徒の学力や学習状況を把握分析し、教育の結果を検証し教育施策の改善を図ること、また、各教育委員会、学校が全国的な状況との関係において自らの教育の結果を把握し、施策や指導の改善を図ることにある。

　これまで、国として学力や学習状況を検証するデータや改善の手立てを有していなかったことの反省に立って始められたものである。

　調査は、「知識」に関するA問題、「活用」に関するB問題と生活習慣・学習環境等に関する質問紙調査から構成されている。今回の学習指導要領や学校教育法30条2項では学力の要素として、基礎的知識の確実な定着と知識を活用できる思考力、判断力、表現力を重視しており、A、Bの二つの問題により目指す学力の定着状況を検証することとしている。

　学力・学習状況調査により得られたデータが迅速に分析され、有効に施策に反映できているかどうか、多額の

予算を費やして毎年悉皆(しっかい)で行う必要があるのかどうか（※1）、小6、中3の4月というタイミングや2教科のみの実施が適切かどうかなど、検討すべき課題は多く存在している。

　義務教育における国の責務をふまえて、学習指導要領という教育課程の基準が有効に機能しているかどうか、教育の機会均等、水準の向上のために適切な条件整備がなされているかどうかなど、国民の学力の担保にはPDCAサイクルの確立――特にcheck（検証）とaction（改善）が重要であり、そのために全国学力・学習状況調査を有効に活用していくことが求められる。

　ちなみに、平成21年秋の事業仕分けを経て、22年調査は抽出により行われる予定である。

（3）学習指導要領のあり方

　学習指導要領と検定教科書が、我が国の初等中等教育の水準の確保、機会均等に果した役割には重要なものがあり、国際的にも高く評価されている。例えば、英国は、初等中等教育の改革にあたり、我が国を視察し、学習指導要領をモデルとしたナショナルカリキュラムを策定するとともに、我が国では定着していなかった、3段階の全国学力テストおよび学校評価システムの導入により、学力向上に一定の成果を上げていることは知られている。

　これまでの学習指導要領が果してきた意義をふまえつつも、地域の特性を生かしながら特色ある教育活動、学校づくりの気運が高まってきていることから、教員の資質の向上と相挨って、学校の創意工夫を発揮できる余地をいかに高めていくかが、今後の課題と考えられる。

※1　平成22年度からは抽出方式で実施する予定である。

教員の資質向上に関しては、各段階ごとの研修や教員免許更新の機会などを有効に活用して、教科の専門性や情報機器の活用能力など指導能力の向上に継げることが期待される。また、我が国の学校において、良き流れとして受け継がれている授業研究、教材研究を学内の教員で取り組む学校文化も大切にしたい。

　また、様々な専門性や貴重な体験を有する地域の優れた人材に学校から積極的に働きかけ、地域や学校の特性を生かして教育内容を豊かにすることも重要な課題である。

　さらに、進学率の高まりから多様な生徒を受け入れている高等学校については、高校教育として一定の共通性は保ちつつも、生徒の実態に応じて高校ごとの裁量の幅を拡げていくことが求められており、速やかな検討、対応が課題である。

　これらについて、行政サイドが、明確な方向性を示すとともにきめ細やかな条件整備を行うなど、学校や教員に対する支援に努めることが大切である。

補節　道徳教育の変遷

　戦前の道徳教育は、端的に言えば天皇のお言葉として示された「教育勅語」（明治23（1890）年）が関係法令と一体となって、国民道徳の基準として位置付けられていた（※2）。そのもとに教科として「修身」が設定され、検定教科書を経て国定教科書などを教材として「徳性の涵養」および「人道実践の方法」に重点を置いて、展開されていた。

　戦時下の国民学校（国民学校令発布、明治16（1941）年）は「皇国ノ道ニ則リテ初等普通教育ヲ施シ国民ノ基礎的錬成ヲ為スヲ以テ目的トス」とされ、徳

育の強化、国民的自覚の徹底を学校教育の全機能をあげて実現することに力点が置かれていた。

　教科としての「修身」を軸としながら、あわせて儀式とりわけ国家的儀式や学校行事が錬成、訓練の見地から重視された。このことが、戦後には過度の国家至上主義、軍国主義的色彩を有する教育活動であったと評されることとなる（※3）。

　敗戦後、占領軍の民間情報教育局（CIE）は、教科書の統制を重視し、「墨塗り教科書」が戦後教育改革の出発点となっている（日本教育制度の管理についての指令、昭和20（1945）年10月22日付）。同年12月15日付の「国家神道についての指令」による神道の教えの排除、12月31日付の「修身科、国史科、地理科の中止についての指令」の一連の措置により、教育全体の非軍事化、民主主義化が徹底された。

　従来の教科、教科書に対する不信は、教師をして教科に替わって子どもの生活に着目する結果になったと言われ、生活単元学習の展開などにつながっている。

　昭和21年3月の米国教育使節団報告書をふまえ、文部省は新教科書の編集を行い、それを追いかけるように学習指導要領の作成に動き出している。

　昭和22年の「学習指導要領一般編（試案）」において、「従来の修身・公民・地理・歴史がなくなって、新しく社会科が設けられた」、また「この社会科は、従来の修身・公民・地理・歴史をただ一括して社会科という名をつけたというのではない。社会科は、今日のわが国民の生活から見て、社会生活についての

※2　「修身ハ教育ニ関スル勅語ノ旨趣ニ基キ児童ノ良心ヲ啓発シ人道実践ノ方法ヲ授クルヲ以テ要旨トス」小学校教則大綱、明治24（1891）年11月7日公布
※3　国民学校修身教科書「ヨイコドモ」の教材のうち、国家に対する道徳を説くものが、人間関係や個人の道徳に関するものをしのいではじめて過半数を占めるようになったと言われている。

良識と性格を養うことが極めて必要であるので、そういうことを目的として、新たに設けられたのである」と記されている。
　このように、戦後の学校における道徳教育は、特定の教科ではなく、社会科を中心に教育活動の全体を通じて行う形で始まっている。

　昭和26（1951）年1月4日、教育課程審議会は「道徳教育の振興に関する答申」において、「今日の児童生徒に対する道徳教育が十分であるとは考えられない」としつつも、道徳教育を主体とする教科あるいは科目を設けることは、「過去の教育の弊に陥る糸口ともなる恐れがある」ので望ましくなく、「（一定の教説）を児童生徒にみずから考えさせ実践の過程において体得させていくやり方をとるべきである」としている。
　昭和26年の学習指導要領一般編（試案）改正版においても、道徳教育は、「その性質上、教育のある部分でなく、教育の全面において計画的に実施される必要がある」としている。また、社会科をはじめ各教科の学習や特別教育活動が、道徳教育のためにどのような役割をもつべきであるか、ということが明らかにされていなければならないとしている。

　昭和33（1958）年版の学習指導要領において、小中学校ともに毎学年、毎週1時間以上の、教科としてではない道徳教育のための時間が特設された。教科ではなく領域としての道徳の時間の開始であるが、その趣旨を教育課程審議会答申（小学校・中学校教育課程の改善について、昭和33年3月15日）は次のように示している。
　「現在、道徳教育は、社会科をはじめ各教科その他教育活動の全体を通じて行われているが、その実情は必ずしも所期の成果をあげているとはいえない。今後もこの学校教育の全体を通じて行うという方針は変更しないが、現状を反省し、その欠陥を是正し、すすんでその徹底強化をはかるために、新たに道徳教育のための時間を特設する」。
　特設時間である道徳の時間は、児童生徒の発達に応じ、日常生活の基本的な行動様式の理解、道徳的判断力の育成に努め、他の時間における指導とあいまって、道徳的実践力のかん養を図ることを目指している。このため、総則に学

校教育全体として取り組む旨を位置づけるとともに、教科に続き第3章第1節に道徳を位置づけ、小学校で36項目、中学校で21項目の指導すべき項目を示している。この形は基本的に現在にまで受け継がれている。

その後も、学校における道徳教育の充実に向けて、指導項目の見直し、教師用指導資料の作成、郷土の先人の伝記・逸話などの題材を取り上げた読物資料の発行などの工夫が重ねられてきている。また、昭和34（1959）年度から道徳教育推進校、同38年度から奉仕等体験活動推進校を指定し、道徳的実践力の育成強化に努めている。

昭和52（1977）年版の指導要領では、小中学校間の連携を密にし、目標について一貫性を従前以上に明確にし、道徳的実践力の育成を重視した。内容についても項目を再構成し、自然愛護や郷土愛などの内容を示すなど充実を図るとともに、小中学校間の内容上の関連を密にしている。

平成元（1989）年版の学習指導要領においては、児童生徒の道徳性の発達段階に応じて、重点を置くべき指導内容を構造的に整える観点から、道徳教育の内容を四つの視点（※4）および小学校の低、中、高学年と中学校の4段階に再構成が図られている。

また、平成10（1998）年版の学習指導要領においては、家庭や地域との連携を図りながら、幼稚園や小学校低学年では基本的なしつけや善悪の判断などについて、繰り返し指導し、その徹底を図るとともに、ボランティア活動や自然体験などを生かした学習の充実につながるように改訂が行われている。

平成14年4月の学習指導要領の実施にあわせて、全国の児童生徒に教材として「心のノート」が配布された。「心のノート」は児童生徒が指導を受けた内

※4　①主として自分自身に関すること、②主として他の人とのかかわりに関すること、③主として自然や崇高なもののかかわりに関すること、④主として集団や社会とのかかわりに関すること

容を整理し、考えを深めたり、実践につなげる契機となるように工夫され、また、保護者との橋渡しの役割も期待されている。

平成18 (2006) 年12月の教育基本法の改正、それに続く学校教育法の改正が行われ、そして教育再生会議の提言をふまえ、「経済財政改革の基本方針2007」（平成19年6月閣議決定）では「小学校で1週間の自然体験、中学校で1週間の社会体験を実施し、高等学校で奉仕活動を必修化する。また、徳育を『新たな枠組み』により、教科化し、多様な教科書、教材を作成する」とされた（※5）。

中央教育審議会教育課程部会における審議および文部科学省の検討を経て、道徳の教科化は見送ることとされた。一方で道徳教育の充実に向けて、①教材について、「心のノート」の改訂、児童生徒に感動を与える読み物教材などの活用が促進されるよう補助制度を充実させること　②学校における指導体制の充実を図るため、「道徳教育推進教師」を配置すること、など条件整備を図るとともに、発達段階に応じた指導の重点の明確化、体験活動の推進など道徳性の育成に向けた指導の改善充実を行うこととされた。

平成23 (2011) 年版の新学習指導要領においては、基本的な生活習慣や人間としてしてはならないことをしないことなどの最低限の規範意識や自他の生命の尊重、法やルールの意義やそれらを遵守することなどの意味を児童生徒が体験的に理解できるようにするなどに重点を置いて、指導内容の充実が図られている。

学習指導要領の本格実施は小学校が平成23年度からであるが、道徳については、教材や指導体制の条件整備を行いながら、平成21年度から新課程が前倒しして実施されている。また、「心のノート」の改訂版も配布されている。

平成20年8月、子どもの徳育についてそのあり方を見つめ直すため、「子どもの徳育に関する懇談会」が文部科学省に設置され、21年7月に「審議の概要」が取りまとめられた。徳育をめぐる今日的課題をふまえ、子どもの発育段階ごとの特徴とそれに対応した重視すべき課題、家庭・地域・学校の役割と社会総

がかりによる徳育の推進などの提言がなされている。

　児童生徒の道徳性を高め、実践につながるようにしていくため、時代の移り変わりの中、学校における道徳教育の充実に向けた取り組みが重ねられている。ものが豊かになり、情報が他律的に押し寄せる社会において、いかに人間として必要な道徳性をかん養し、道徳的実践力を高め得るか、家庭や地域との連携協力が何よりも大切である。とりわけ、発達段階にふさわしい体験的な学びの機会や集団的活動の場をいかにして家庭や地域と連携して、形成できるかが課題である。

演習問題

　道徳は学習指導要領上は、教科ではなく領域として位置づけられ、道徳教育は「道徳の時間を要として、学校の教育活動全体を通じて行うものであり、道徳の時間はもとより、各教科、外国語活動、総合的な学習の時間及び特別活動のそれぞれの特質に応じて、児童の発達段階を考慮して、適切な指導を行わなければならない」と記されている。

(1) 道徳教育の充実のためには、教科に位置づけるべきかどうか。
(2) 高等学校では「道徳の時間」は位置づけられてない。生徒の発達段階に照らし、どのような道徳教育が適しいのであろうか。

　現代社会において、道徳教育の充実のために、家庭や地域の道徳的教育力と

※5　「教科」、「領域」の違いについて法制上定義がなされているわけではないが、一般的に「教科」は①免許（中高等学校においては当該教科の免許）を有する専門の教師が、②教科書を用いて指導し、③数値等による評価を行う、ものと考えられており、免許・教科書・数値評価が3要件と言える。

の連携の方策はあるか。それとも、学校における道徳の充実強化を目指すべきであるか。宗教教育との関連も含めて検討されたい。

戦後の道徳教育の変遷

昭和20年12月		GHQ「修身、日本歴史及び地理の停止に関する件」指令
22年4月		学校教育法に基づく新学制施行、道徳教育は社会科に取り入れて行う方針
26年1月		教育課程審議会「道徳教育振興に関する答申」
33年3月		教育課程審議会「小学校・中学校教育課程の改善についての答申、「道徳の時間」特設
10月		小中学校学習指導要領改訂、第1章総則第3道徳教育、第3章第1節道徳を位置づけ（小学校36項目　中学校21項目）
38年7月		教育課程審議会「学校における道徳教育の充実方策について」答申
43年7月		小学校学習指導要領改訂（中学校は44年）、道徳教育の内容：小学校32項目、中学校26項目
52年7月		小中学校学習指導要領改訂、道徳教育の内容：小学校28項目、中学校16項目
62年12月		教育課程審議会「教育課程の基準の改善について」答申、道徳教育の内容を再構成し、児童生徒の道徳性の発達等に応じて重点化を図るなど構造的に整えることなどを提言
平成元年3月		小中高等学校学習指導要領改訂、道徳教育の内容を四つの視点から再構成（小学校低学年14項目、中学年18項目、高学年22項目、中学校22項目に重点化）
10年7月		教育課程審議会「幼稚園、小学校、中学校、高等学校、盲学校、聾学校及び養護学校の教育課程の基準の改善について」答申、幼稚園や小学校低学年では、基本的なしつけや善悪の判断などについて繰り返し指導し徹底を図るとともに、ボランティア体験や自然体験などを活かした学習を充実

12月	小中学校学習指導要領改訂、道徳教育の内容：小学校低学年15項目、中学年18項目、高学年22項目、中学校22項目
20年1月	中央教育審議会「幼稚園、小学校、中学校、高等学校及び特別支援学校の学習指導要領等の改善について」答申、基本的な生活習慣や人間としてしてはならないことをしないことなどの最低限の規範意識や自他の生命の尊重、法やルールの意義やそれらを遵守することなど意味の理解等を重視
3月	小中学校学習指導要領改正（21年4月から先行実施）、道徳教育の内容：小学校低学年16項目、中学校18項目、高等学校22項目、中学校22項目）

◎コラム　**脳科学と教育**

　近年の脳科学の研究の進展は著しく、国民的関心も高い。脳科学の研究により人間の脳の発達過程が解明されつつあるが、その研究成果を教育サイドにおいてどのように受けとめればよいのであろうか。

　文部科学省に置かれた、「情動の科学的解明の教育等への応用に関する検討会」は平成17（2005）年10月に報告書をとりまとめている。少々古くなっているが、子どもたちの情動や心の発達等に関して各学問分野でどのような研究成果があるのかを明らかにした。さらにその結果を生かして、科学的な視点から子どもたちの問題行動等の背景や原因を探るためにどのような研究の振興が重要であるか、などについて検討した成果がとりまとめられている。情動（※6）や心の発達に関する研究成果は、心の教育をはじめ教育に関して示唆に富むものなので、紹介する。

■報告書の提言
(1) 子どもの情動等に関して、これまでの研究成果から、以下のことが分かっている。
①子どもの対人関係能力や社会的適応能力の育成のためには適切な「愛着」形成が重要であること、
②子どもの心の健全な発達のためには基本的生活リズムの獲得や食育が重要であること、
③子どもが安定して自己を形成するには、他者の存在が重要であり、特に保護者の役割が重要であること、
④情動は、生まれてから5歳くらいまでにその原型が形成されると考えられるため、子どもの情動の健全な発達のためには乳幼児教育が重要であること、
⑤成人脳にも高い可塑性を示す領域があり、この点を意識した生涯学習が重要であること、
⑥前頭連合野や大脳辺縁系の機能が子どもたちの健やかな発達に重要な機能を発揮しており、前頭連合野の感受性期（臨界期）は、シナプス増減の推移から推論すると8歳くらいがピークで20歳くらいまで続くと思われ、その時期に、社会関係の正しい教育と学習が大切であること、など。

(2) 今後は、課題解決のために以下のような取り組みが必要である。
①子どもの情動等に関する諸課題について、その解決に向けた研究が必要であること、
②学際的連携等をコーディネートする機関のあり方に関する検討が必要であること、
③研究成果のスクリーニングを行う仕組みづくりに関する検討が必要であること、
④研究と教育との連携の推進（双方向的連携の仕組みづ

くり）に関する検討が必要であること、
⑤子どもの発達を早期から前方位的、縦断的に見ていく体制づくりが必要であること、
⑥子どもの心の発達の支援には、総合的なシステム構築や各機関の連携・協力体制の構築が必要であること、
⑦高い科学性を備えた専門的人材の育成が必要であること、など。

なお、①脳科学の成果は一般社会に与える影響が大きいため、慎重に情報発信する工夫が必要であること、②子どもの情動等の研究推進にあたっては、脳機能計測機器が人体に与える影響の把握や倫理的な観点からの配慮が必要であること、および③子どもの発達のひずみを早期に発見することについては、親子への援助体制を十分に確立した上で、慎重になされる必要があることなどの留意点が存在する。

脳の研究は、脳の活動を画像化する脳機能の非侵襲的計測法が急速に進展していることから、その成果が大いに期待される。それとともに、一般的な科学的な解明を、一人ひとりの発達過程に適用することの妥当性も十分な検証が必要となろう。そのような配慮のもと、研究と教育の連携の推進を期待したい。

※6　「情動」とは、怒り・喜び・悲しみ・憎しみなどのような一時的な感情の動きで、表情、身振りなどの行動の変化や心拍数増加や血圧上昇などの自律神経系や内分泌系の変化を伴うものと定義されている。

第2章―――教育基本法の改正

　新憲法の理想の実現をゆだねる教育のあり方、基本的方針について定めた根本法である教育基本法は60年ぶりに全面改正された。本章では教育基本法の戦後教育に果たした意義を理念から解きほぐした。さらに、今回の全面改正の背景、経緯、内容について解説を加えることとした。
　我が国社会の戦後の進展に伴い惹起した教育論争は、講学的分野のみならず司法界をも巻き込んだ国民的関心事として一世を風びした。教育基本法の解釈をめぐるこうした論争は今日の教育のあり方を考察する上で大きな歴史的意義を持つものであり、読者の丹念な学習を期待したい。

第1節　教育基本法の性格

　教育基本法は日本国憲法と同じ昭和22（1947）年に制定されている。その前文には、「この（著注：日本国憲法）理想の実現は、根本において教育の力にまつべきものである。（中略）ここに、日本国憲法の精神に則り、教育の目的を明示して、新しい日本の教育の基本を確立するため、この法律を制定する」（改正前の前文）と立法趣旨がうたわれていた。この前文に続き、条文として教育の基本理念を定めるとともに、教育の機会均等、義務教育、男女共学、学校教育、社会教育、政治教育、宗教教育、教育行政の8項目にわたり教育の実施に関する基本方針を定めていた。新憲法のもと、戦後の教育、とりわけ学校教育の再構築に当たり重要視すべき理念や方針を宣言したものと言える。

　教育基本法は、学校教育法、社会教育法など、すべての教育法規の根本法である。形式的には法律の一つだが、一般に教育関係法令の制定、解釈、運用については、できるだけ教育基本法の趣旨、目的に沿うように考慮されなければならないものと解されている（旭川学テ事件判決、p.18参照）。

　教育の根本法であり、教育の基本理念・基本方針を示すものとして、教育の憲法とも称されている。教育基本法は、憲法と同様に"不磨の大典"と教育関係者に受け止められてきた面もあり、制定以来その全面的な見直しが拡がりをもって論じられることは近年まであまりなかった。

◎コラム　**教育基本法の制定の経緯**

　教育基本法は、日本国憲法と同様に占領期において、占領軍の影響のもとに制定されたものであり、独立国と

なった以上、我が国の伝統文化にふさわしい自主憲法、自主教育基本法を制定すべきである、との声があった。教育基本法は、連合軍最高司令部（GHQ）、民間教育情報部（CIE）とどのような関係にあったのか、その制定の経緯をひもといてみたい。

戦後の我が国の教育は、昭和20（1945）年10月にGHQが発した「日本教育制度に対する管理政策に関する件」のもと、墨ぬり教科書や修身・日本歴史の停止などの軍国主義的教育禁止の方針に則って、再出発した。21年3月には米国教育使節団が報告書をとりまとめた。GHQ、CIEの指令や使節団報告書には教育基本法の制定への言及はなかった。

公的記録としては、昭和21年6月、帝国議会で田中文相が教育根本法とも言うべきものの制定を考えている旨の答弁したのが、教育基本法の制定に言及した最初のようである。

その後、教育勅語の廃止に向けた動きと並行して、同年8月に日本政府に設置された「教育刷新委員会」が、12月に教育基本法の制定の必要性とその内容となるべき教育の基本理念を参考案として提言している。政府はこの参考案をふまえて法案を作成したが、参考案と国会に提出された条文案を比較すると、「伝統の尊重」や「宗教的情操のかん養」がなくなるなどの相違が見られる。このことから、日本政府側とGHQ、CIEとの条文の擦り合わせがなされたことが推察できる。

教育基本法は昭和22年3月に制定されている。この時期は日本国憲法が公布され、その施行前で、大日本帝国議会のもとでの成立となることから、公布文には「朕は、枢密顧問の諮詢(しじゅん)を経て、帝国議会の協賛を経た教育基本法を裁可し、ここにこれを公布せしめる」とある。

当時の政府の学校教育再生への強い思いをうかがい知ることができる法律である。

第2節　教育基本法の改正

(1) 改正の背景・経緯

　教育基本法は、制定以来一度も改正されないまま半世紀を経てきた。この間に社会は大きく変化し、また、教育全般に様々な課題が生じていることから、教育の根本にさかのぼった改革が求められていた。

　平成12 (2000) 年12月、小渕総理のもとに設けられた「教育改革国民会議」が教育基本法の見直しと教育振興基本計画の策定の必要性を提言した。提言を受け文部科学省は平成13年11月、中央教育審議会（中教審）に「教育基本法及び教育振興基本計画の在り方について」諮問した。長期にわたる審議を経て、平成15年3月、中教審は、教育基本法の改正および教育振興基本計画の策定を答申した（※1）。

※1　平成15年3月20日の昼に鳥居中教審会長から遠山文部科学大臣に答申文が手交された。しかし、同日午前11時頃、イラン戦争が勃発したため、大きくは報道されなかった。
　　それらの理念や目標が新しい学習指導要領に反映され、改訂されている。教育基本法、学校教育法、そして学習指導要領が連動して改正されたのは初めてのこととなる。

その後、与党において、基本法の改正は極めて重要な政治課題でもあることから、教育基本法に関する協議会（その下に検討会）が設置され、おおむね3年間に80回の議論が重ねられ、平成18年4月に教育基本法に盛り込むべき項目と内容について報告がとりまとめられた。
　同年同月、政府は新教育基本法案を閣議決定し、国会に提出した。衆議院選挙による中断を経て、同年12月新教育基本法が成立し、12月22日から公布施行された。
　教育基本法の改正を受けて、その改正の趣旨を実現するため、緊急に改正すべき法制度について検討が行われ、学校教育法などの教育三法の改正につながっている。
　なお、学校教育法の改正は、①改正教育基本法の新しい教育理念をふまえ、新たに義務教育の目標を定めるとともに、幼稚園から大学までの各学校種の目的・目標を見直したこと、②学校の規定順をこれまで小学校から始まっていたものを、子どもの発達段階に即して幼稚園を最初に規定したこと、などの全面的な改正が行われた。

(2) 改正の理由および概要

　教育基本法の改正のポイントは、端的には、教育の理念・目標において「個と公のバランス」を重視する、未来志向のものと言える。
　21世紀の教育にふさわしい教育理念を明らかにするために「第1章　教育の目的及び概念」が大幅に見直されている。教育の目的には「人格の完成」と「国家及び社会の形成者の育成」の両面を揚げ、それを実現するために、今後重要と考えられる具体的な理念を以下の5点に整理し、教育の目的として規定している。改正前からうたわれている「個人の尊厳」「人格の完成」「国家及び社会の形成者」などは大切にしながら、21世紀の教育において重視すべき理念を明確にし、つけ加えることによって「個と公のバランス」を図っていると言える。
　改正法の前文は「我が国の未来を切り拓く教育の基本を確立し、その振興を

図るため、この法律を設定する」と結んでいる。

■新しい教育の目標
①幅広い知識と教養、豊かな情操と道徳心、健やかな身体（不易の知育・徳育・体育の尊重）
②能力の伸長、自主・自律の精神、職業との関連の重視（個人の尊重）
③正義と責任、自他の敬愛と協力、男女の平等、公共の精神（新たな公共の尊重）
④生命や自然の尊重、環境の保全（生命・自然・環境の重視）
⑤伝統と文化の尊重、我が国と郷土を愛し他国を尊重、国際社会の平和と発展に寄与（世界の中の日本人の重視）
※（　）内は筆者の考えにより要約したもの。

続いて、「生涯学習の理念」を新たに規定するとともに、教育の機会均等を引き続き重要な理念として規定している。

「第2章　教育の実施に関する基本」においては、教育を実施する際に基本となる事項として、これまでも定められていた「義務教育」「学校教育」「教員」「社会教育」「政治教育」「宗教教育」に関する規定を時代や社会の変化に応じて見直すとともに、新たに「大学」「私立学校」「家庭教育」「幼児期の教育」「学校、家庭及び地域住民等の相互の連携協力」について規定している。

「第3章　教育行政」においては、教育行政における国と地方公共団体の役割分担、「教育振興基本計画」の策定（その後、平成20年7月に第1回目の計画が閣議決定されている）などについて規定している。

◎コラム　**我が国と郷土を愛する心と態度**

今回の教育基本法の改正では、前記のとおり生涯学習の理念を新たに規定し、家庭教育は教育の原点であること、幼児教育、大学、私立学校を新たに位置づけたこと

など、教育の根本にまでさかのぼって改革を進めるために欠くことのできない内容を含んでいる。しかし、マスコミの関心は愛国心を書くか、書かないのか一点に集中していた。条文としては第2条第5号に「伝統と文化を尊重し、それらをはぐくんできた我が国と郷土を愛するとともに、他国を尊重し、国際社会の平和と発展に寄与する態度を養うこと」と規定された。

　愛国心をめぐる論点を整理すると、次のとおりとなる。国際化が進む社会に生きる日本人として、愛国心をどのように捉えたらよいのか、考える契機にしてもらいたい。

■愛国心を法律に定める必要性
　これまでも、教育基本法、学校教育法をふまえ、伝統と文化を尊重することやそれらをはぐくんできた郷土や国を愛することは、国民として身につけるべき重要な資質であるとして、各学校段階で取り扱う指導項目の一つとして、学習指導要領に明記されていた。学習指導要領は、幼稚園から高校までの教育課程の基準として法的拘束力を有するものであり、各学校の教員は指導する法的責務を有する。

　しかしながら、教育は初等中等教育のみではなく、高等教育や社会教育、家庭教育をも含むものであること、教育の目的・目標など、教育にかかわる基本理念について、重要と思われるものを国民にわかりやすく法律に規定する必要があることなどから、国際社会に生きる日本人として「我が国や郷土を愛する態度」を養うことが重要である旨、新たに教育基本法に明文化された。

■学習指導要領の記述
　昭和33年版の学習指導要領以来、愛国心について記述

されており、新学習指導要領では以下のとおり規定されている。

《小学校学習指導要領の記述例》（平成20年3月告示）

○道徳（小学校5年および6年）——郷土や我が国の伝統と文化を大切にし、先人の努力を知り、郷土や我が国を愛する心をもつ。

○社会（目標）——社会生活についての理解を図り、我が国の国土と歴史に対する理解と愛情を育て、国家社会の形成者として必要な公民的資質の基礎を養う。

（第6学年の目標）—— 我が国の歴史や伝統を大切にし、国を愛する心情を育てるようにする。

■愛国心を養うことと児童生徒の思想・良心の自由

　中央教育審議会の答申において、愛国心についての指導にあたってはかつてのように過度に国家主義的な指導とならないように十分留意すべきとの提言がなされている。また、当時の与党の検討会においては、条文上の文言は国を愛する心ではなく態度を養うこととされた。

　一般論として、学校における指導において児童生徒の内心にかかわる内容を取り扱う場合、特定の考え方を一般的に注入し強制するのではなく、その内容に関連する事項について、理解と関心を深めるなどの指導を行い、一定の心情が自然と身につくことを目指して行われている。結果として児童生徒が内心においてどのような考え方を持つかは、それぞれの児童生徒に委ねられるものであり、憲法19条の思想良心の自由を侵害することのないように留意されている。

　我が国や郷土を愛する態度や心情についても、我が国の伝統や歴史に対する理解と関心を深めるなどの指導を

行うことにより、自然とそのような態度や心情が養われるようになることを目指しているものである。

児童生徒の内心にまで立ち入って強制しようとする趣旨のものではなく、そもそもそのようなことは不可能である。

■愛国心の指導を行うことと、教員の思想・良心の自由
　学習指導要領は教育課程の基準であり法規としての性格を有する。各学校においては、学習指導要領を基準として校長が教育課程を編成し、これにもとづいて教員は教育指導を実施するという職務上の責務を有している。

教員の思想・良心の自由は、それが内心にとどまる限りにおいては絶対的に保障されなければならない。しかし、それが外部的行為となって現れる場合、すなわち、職務となる場合には、一定の合理的範囲内の制約を受け得るものと解されている。

校長が学習指導要領にもとづき、法令の定めるところに従い、所属教員に対して本来行うべき職務を命じることは、当該教員の思想・良心の自由を侵すことにはならない。

■外国人児童生徒には、「日本」について教えるのか、
　それとも児童生徒の「母国」について教えるのか
　学校教育は自国民の育成を目的として行われるものであり、我が国の学校教育も日本人の育成を図ることを目的として行われている。したがって、「日本」について教えることとなる。

しかし、外国籍の児童生徒に対しては、自分たちが現に生活している日本の歴史や伝統文化についての理解を図るとともに、そのような指導に際して、あわせて母国

の歴史や伝統文化等を紹介するなど、外国籍の児童生徒に対する配慮が大切である。

■愛国心について、諸外国では教育基本法で定めているのか

いくつかの国を個別に調査した結果では、教育基本法に相当する法律を持つ国として、フランス、スウェーデン、イタリア、スペイン、韓国、ロシア、タイ、中国などがある。

これらのうち、ロシア、タイや中国の教育基本法において、「伝統や文化の尊重」や「国を愛する態度」について触れられている。

また、イタリア、韓国、ポーランド、ロシア、中国などにおいては、各国の法律において「国への忠誠」や「国を愛する心」などについて触れられている。

(3) 教育基本法の主な改正内容

改正教育基本法	改正前の教育基本法	主な改正点
（前文） 我々日本国民は、たゆまぬ努力によって築いてきた民主的で文化的な国家を更に発展させるとともに、世界の平和と人類の福祉の向上に貢献することを願うものである。 我々は、この理想を実現するため、個人の尊厳を重んじ、真理と正義を希求し、<u>公共の精神を尊び、豊かな人間性と創造性を備えた</u>人間の育成を期するとともに、<u>伝統を継承し</u>、新しい文化の創造を目指す教育を推進する。 ここに、我々は、日本国憲法の精神にのっとり、我が国の<u>未来を切り拓く</u>教育の基本を確立し、その振興を図るため、この法律を設定する。	（前文） われらは、さきに、日本国憲法を確定し、民主的で文化的な国家を建設して、世界の平和と人類の福祉に貢献しようとする決意を示した。この理想の実現は、根本において教育の力にまつべきものである。 われらは、個人の尊厳を重んじ、真理と平和を希求する人間の育成を期するとともに、普遍的にしてしかも個性ゆたかな文化の創造をめざす教育を普及徹底しなければならない。 ここに、日本国憲法の精神に則り、教育の目的を明示して、新しい日本の教育の基本を確立するため、この法律を制定する。	（前文） これまでに引き続き、「民主的で文化的な国家」の発展と「世界の平和と人類の福祉の向上」への貢献を揚げ、その理想の実現のために、「個人の尊厳」などを重んずるとともに、新たに「公共の精神」の尊重、「豊かな人間性と創造性」や「伝統の継承」を規定。
第1章　教育の目的及び理念		第1章　教育の目的及び理念

改正教育基本法	改正前の教育基本法	主な改正点
(教育の目的) 第1条　教育は、人格の完成を目指し、平和で民主的な国家及び社会の形成者として必要な資質を備えた心身ともに健康な国民の育成を期して行われなければならない。	第1条（教育の目的） 教育は、人格の完成をめざし、平和的な国家及び社会の形成者として、真理と正義を愛し、個人の価値をたつとび、勤労と責任を重んじ、自主的精神に充ちた心身ともに健康な国民の育成を期して行われなければならない。	(教育の目的) 「教育の目的」を引き続き規定、一部の理念は2条以下に移されている。
(教育の目標) 第2条　教育は、その目的を実現するため、学問の自由を尊重しつつ、次に掲げる目標を達成するよう行われるものとする。 1．<u>幅広い知識と教養</u>を身に付け、真理を求める態度を養い、<u>豊かな情操と道徳心</u>を培うとともに、<u>健やかな身体</u>を養うこと。 2．個人の価値を尊重して、その<u>能力を伸ばし</u>、	第2条（教育の方針） 教育の目的は、あらゆる機会に、あらゆる場所において実現されなければならない。この目的を達成するためには、学問の自由を尊重し、実際生活に即し、自発的精神を養い、自他の敬愛と協力によって、文化の創造と発展に貢献するように努めなければならない。	(教育の目標) 「教育の目的」を実現するため、今日重要と考えられる事柄を五つに整理して「教育の目標」として新たに規定（p.55参照）。

63

改正教育基本法	改正前の教育基本法	主な改正点
<u>創造性</u>を培い、自主及び<u>自立</u>の精神を養うとともに、<u>職業及び生活との関連を重視し、勤労を重んずる態度を養うこと。</u> 3．正義と責任、<u>男女の平等</u>、自他の敬愛と協力を重んずるとともに、<u>公共の精神に基づき、主体的に社会の形成に参画し、その発展に寄与する態度を養うこと。</u> 4．<u>生命を尊び、自然を大切にし、環境の保全に寄与する態度を養うこと。</u> 5．<u>伝統と文化を尊重し、それらをはぐくんできた我が国と郷土を愛するとともに、他国を尊重し、国際社会の平和と発展に寄与する態度を養うこと。</u>		
（生涯学習の理念） 第3条　国民一人一人が、自己の人格を磨き、豊かな人生を送ることができ	（新設）	（生涯学習の理念） 学校教育で教育のすべてが完結するのではなく、生涯にわたり学ぶ基盤を

改正教育基本法	改正前の教育基本法	主な改正点
るよう、その生涯にわたって、あらゆる機会に、あらゆる場所において学習することができ、その成果を適切に生かすことのできる社会の実現が図られなければならない。		形成する生涯学習の重要性から、その理念を新たに規定。 生涯学習の概念は、昭和22年当時には存在していないもの。
（教育の機会均等） 第4条　すべて国民は、ひとしく、その能力に応じた教育を受ける機会を与えられなければならず、人種、信条、性別、社会的身分、経済的地位又は門地によって、教育上差別されない。 2. 国及び地方公共団体は、障害のある者が、その障害の状態に応じ、十分な教育を受けられるよう、教育上必要な支援を講じなければならない。 3. 国及び地方公共団体は、能力があるにもかかわらず、経済的理由によって修学が困難な者に対して、奨学の措置を講じ	第3条（教育の機会均等） すべて国民は、ひとしく、その能力に応ずる教育を受ける機会を与えられなければならないものであつて、人種、信条、性別、社会的身分、経済的地位又は門地によって、差別されない。 （障害者の項新設） 2. 国及び地方公共団体は、能力があるにもかかわらず、経済的理由によって修学困難な者に対して、奨学の方法を講じな	（教育の機会均等） 教育における機会均等、差別の禁止や行政による奨学の措置とともに、新たに、障害のある者が十分な教育を受けられるよう、教育上必要な措置を講ずべきことを規定。

改正教育基本法	改正前の教育基本法	主な改正点
なければならない。	ければならない。	
第2章　教育の実施に関する基本		第2章　教育の実施に関する基本
（義務教育）		（義務教育）
第5条　国民は、その保護する子に、<u>別に法律で定めるところにより</u>、普通教育を受けさせる義務を負う。	第4条（義務教育）国民は、その保護する女子に、九年の普通教育を受けさせる義務を負う。	9年の義務教育の年限を将来の延長の可能性も考慮し、学校教育法に委ねることとしたこと。
2．義務教育として行われる普通教育は、各個人の有する能力を伸ばしつつ社会において自立的に生きる基礎を培い、また、国家及び社会の形成者として必要とされる基本的な資質を養うことを目的として行われるものとする。	（新設）	新たに、義務教育の目的、義務教育の実施についての国と地方公共団の責務を規定するなど義務教育の理念を重視。
3．国及び地方公共団体は、義務教育の機会を保障し、その水準を確保するため、適切な役割分担及び相互の協力の下、その実施に責任を負う。	（新設）	
4．国又は地方公共団体	2．国又は地方公共団体	

改正教育基本法	改正前の教育基本法	主な改正点
の設置する学校における義務教育については、授業料を徴収しない。 (削除)	の設置する学校における義務教育については、授業料は、これを徴収しない。 第5条（男女共学） 男女は、互に敬重し、協力し合わなければならないものであって、教育上男女の共学は、認められなければならない。	（男女共学） 旧規定は既に歴史的な意義を果たし終えたものとして削除。 新たに2条3号に「男女の平等」を規定。
（学校教育） 第6条　法律に定める学校は、公の性質を有するものであって、国、地方公共団体及び法律に定める法人のみが、これを設置することができる。 2．前項の学校においては、教育の目標が達成されるよう、教育を受ける者の心身の発達に応じて、体系的な教育が組織的に行われなければならない。この場合において、	第6条（学校教育） 法律に定める学校は、公の性質をもつものであって、国又は地方公共団体の外、法律に定める法人のみが、これを設置することができる。 (新設)	（学校教育） 新たに、学校教育は体系的組織的に行われるべきこと、また児童生徒が規律を重んずるとともに、学習意欲を高めることを重視すべきことを規定。

改正教育基本法	改正前の教育基本法	主な改正点
教育を受ける者が、学校生活を営む上で必要な規律を重んずるとともに、自ら進んで学習に取り組む意欲を高めることを重視して行われなければならない。 「（教員）第9条」として独立	2．法律に定める学校の教員は、全体の奉仕者であって、自己の使命を自覚し、その職務の遂行に努めなければならない。このためには、教員の身分は、尊重され、その待遇の適正が、期せられなければならない。	
（大学） 第7条　大学は、学術の中心として、高い教養と専門的能力を培うとともに、深く真理を探求して新たな知見を創造し、これらの結果を広く社会に提供することにより、社会の発展に寄与するものとする。 2．大学については、自	（新設）	（大学） 知識基盤社会における大学の役割の重要性や、大学の固有の特性にかんがみ大学の基本的役割などについて新たに規定。 昭和22年当時の大学進学は一ケタ台であり、大学は学校教育（旧6条）に包含されていた。

改正教育基本法	改正前の教育基本法	主な改正点
主性、自立性その他の大学における教育および研究の特性が尊重されなければならない。		
（私立学校） 第8条　私立学校の有する公の性質及び学校教育において果たす重要な役割にかんがみ、国及び地方公共団体は、その自主性を尊重しつつ、助成その他の適当な方法によって私立学校教育の振興に努めなければならない。	（新設）	（私立学校） 幼児期の教育や高等教育をはじめ、私立学校の果たす役割の重要性にかんがみ、行政が自主性を尊重しつつ、助成など私立学校の振興に努めるべきことを新たに規定。
（教員） 第9条　法律に定める学校の教員は、自己の<u>崇高な使命</u>を深く自覚し、<u>絶えず研究と修養に励み</u>、その職責の遂行に努めなければならない。 2.　前項の教員については、その使命と職責の重要性にかんがみ、その身分は尊重され、待遇の適正が期せられるととも	【再掲】第6条（略） 2.　法律の定める学校の教員は、全体の奉仕者であって、自己の使命を自覚し、その職務の遂行に努めなければならない。このためには、教員の身分は、尊重され、その待遇の適正が、期せられなければならない。	（教員） 　教員の重要性から、学校教育の条文から分離独立。教員の使命と職責、待遇の適正などに加えて、新たに研究と修養に励むべきことや養成と研修の充実が図られるべきことを規定。 　"全体の奉仕者"は、公務員のイメージが強く出すぎることから削除。

改正教育基本法	改正前の教育基本法	主な改正点
に、<u>養成と研修の充実が図られなければならない。</u>		
(家庭教育) 第10条　父母その他の保護者は、子の教育について第一義的責任を有するものであって、生活のために必要な習慣を身に付けさせるとともに、自立心を育成し、心身の調和のとれた発達を図るよう努めるものとする。 2．国及び地方公共団体は、家庭教育の自主性を尊重しつつ、保護者に対する学習の機会及び情報の提供その他の家庭教育を支援するために必要な施策を講ずるよう努めなければならない。	(新設)	(家庭教育) 人生最初の教師は親である、子の教育の原点は家庭である、との中教審での議論を踏まえ、家庭教育の重要性を明記すること、及びその支援が必要であることを新たに規定。なお、旧7条に「家庭教育」の奨励が規定されていた。
(幼児期の教育) 第11条　幼児期の教育は、生涯にわたる人格形成の基礎を培う重要なものであることにかんが	(新設)	(幼児期の教育) 幼稚園、保育所や家庭における幼児期の教育が人格形成の基盤を培う重要なものであることに照ら

改正教育基本法	改正前の教育基本法	主な改正点
み、国及び地方公共団体は、幼児の健やかな成長に資する良好な環境の整備その他適当な方法によって、その振興に努めなければならない。		し、行政がその振興に努めるべきことを新設の条文として規定。 幼児教育の重要性に照らし、学校教育法の学校の規定順も幼稚園を最初に規定。
（社会教育） 第12条　個人の要望や社会の要請にこたえ、社会において行われる教育は、国及び地方公共団体によって奨励されなければならない。 2．国及び地方公共団体は、図書館、博物館、公民館その他の社会教育施設の設置、学校の施設の利用、学習の機会及び情報の提供その他の適当な方法によって社会教育の振興に努めなければならない。	第7条（社会教育） 家庭教育及び勤労の場所その他社会において行われる教育は、国及び地方公共団体によって奨励されなければならない。 2．国及び地方公共団体は、図書館、博物館、公民館等の施設の設置、学校の施設の利用その他適当な方法によって教育の目的の実現に努めなければならない。	（社会教育） 社会教育について引き続き規定。場の提供に加えて、学習の機会や情報の提供を追加している。
（学校、家庭及び地域住民等の相互の連携協力） 第13条　学校、家庭及び	（新設）	（学校、家庭及び地域住民等の相互の連携協力） 「地域教育」という条文

改正教育基本法	改正前の教育基本法	主な改正点
地域住民その他の関係者は、教育におけるそれぞれの役割と責任を自覚するとともに、相互の連携及び協力に努めるものとする。		も検討されたが、地域教育の担い手を特定することが困難なため断念。三者の連携協力の重要性を新たに規定。
(政治教育) 第14条　良識ある公民として必要な政治的教養は、教育上尊重されなければならない。 2．法律に定める学校は、特定の政党を支持し、又はこれに反対するための政治教育その他政治的活動をしてはならない。	第8条（政治教育） 良識ある公民たるに必要な政治的教養は、教育上これを尊重しなければならない。 2．法律に定める学校は、特定の政党を支持し、又はこれに反対するための政治教育その他政治的活動をしてはならない。	(政治教育) 政治教育について引き続き規定。
(宗教教育) 第15条　宗教に関する寛容の態度、<u>宗教に関する一般的な教養</u>及び宗教の社会生活における地位は、教育上尊重されなければならない。 2．国及び地方公共団体が設置する学校は、特定	第9条（宗教教育） 宗教に関する寛容の態度及び宗教の社会生活における地位は、教育上これを尊重しなければならない。 2．国及び地方公共団体が設置する学校は、特定	(宗教教育) 宗教教育が国公立学校で十分には行われていないことにかんがみ、宗教に関する一般的な教養は教育上尊重されるべきことを新たに規定。 "宗教的情操を育むこと"を規定すべきとの意見が

改正教育基本法	改正前の教育基本法	主な改正点
の宗教にための宗教教育その他宗教的活動をしてはならない。	の宗教のための宗教教育その他宗教的活動をしてはならない。	あったが、その内容が多義的であり、また、特定の宗教と離れて指導することが困難であることから断念。
第3章　教育行政 （教育行政） 第16条　教育は、不当な支配に服することなく、<u>この法律及び他の法律の定めるところにより行われるべきものであり、教育行政は、国と地方公共団体との適切な役割分担及び相互の協力の下、公正かつ適正に行われなければならない。</u> 2．国は、全国的な教育の機会均等と教育水準の維持向上を図るため、教育に関する施策を総合的に策定し、実施しなければならない。 3．地方公共団体は、そ	第10条（教育行政） 教育は、不当な支配に服することなく、国民全体に対し直接に負担を負って行われるべきものである。 2．教育行政は、この自覚のもとに、教育の目的を遂行するに必要な諸条件の整備確立を目標として行われなければならない。 （新設） （新設）	第3章　教育行政 （教育行政） 教育は不当な支配に服してはならないことを引き続き規定するとともに、新たに教育が法律の定めるところにより行われるべきこと、すなわち法に基づく教育は不当な支配とはならないことを明確化。 　教育行政について公平かつ適正に行われなければならないこと、国と地方の役割分担と責任及び財政上の措置を新たに規定。 なお、「国民全体に対し直接に責任を負って」や「必要な諸条件の整備確立」の規定は、教育行政

改正教育基本法	改正前の教育基本法	主な改正点
の地域における教育の振興を図るため、その実情に応じた教育に関する施策を策定し、実施しなければならない。 4．国及び地方公共団体は、教育が円滑かつ継続的に実施されるよう、必要な財政上の措置を講じなければならない。		が内容や方法に関わることは不当な支配であるとの主張の根拠ともなったことから最高裁判判決を踏まえて削除。
	（新設）	
（教育振興基本計画） 第17条　政府は、教育の振興に関する施策の総合的かつ計画的な推進を図るため、教育の振興に関する施策についての基本的な方針及び講ずべき施策その他必要な事項について、基本的な計画を定め、これを国会に報告するとともに、公表しなければならない。 2．地方公共団体は、前項の計画を参酌し、その地域の実情に応じ、当該地方公共団体における教育の振興のための施策に	（新設）	（教育振興基本計画） 国及び地方公共団体が、総合的かつ計画的に教育施策を推進するために教育振興基本計画を定める義務及び努力義務を規定。 　第Ⅰ期の国の計画は平成20年7月に策定されている。

改正教育基本法	改正前の教育基本法	主な改正点
関する基本的な計画を努めなければならない。 第4章　法令の制定 第18条　この法律に規定する諸条項を実施するため、必要な法令が制定されなければならない。	第11条（補則）　この法律に揚げる諸条項を実施するために必要がある場合には、適当な法令が制定されなければならない。	第4章　法令の制定 教育基本法の諸条項を実施するため、必要な法令が制定されなければならないことを引き続き規定。

（下線は筆者付記）

(4) 教育基本法の改正後の取り組み

　教育基本法は、教育の基本理念や方針を定める法律であり、改正されたからといって、教育のあらゆる問題がただちに解決されるわけではない。
　今回の改正の趣旨は、今日重要と考えられる事柄を法律に明記することにより国民の共通理解のもとに社会全体で教育改革を強力に推進することにある。
　教育基本法の改正をふまえて、学校教育法などの教育三法の改正が行われた。また、平成20 (2008) 年3月に幼稚園、小学校、中学校の学習指導要領、平成21年3月に高等学校、特別支援学校の学習指導要領の改訂が行われた。
　教育基本法の基本理念や方針などが、学校教育での実践につながる段階を迎えている。しかしながら、学校現場において、教育基本法の改正の趣旨が十分に受けとめられているかどうかが課題であり、改正の趣旨や指導要領への反映などについて、わかりやすくかつ継続的な周知活動が必要である。
　また、教育基本法の改正と教育振興基本計画の策定は、教育改革を推進するための、理念とそれを実現するための政策の体系として車の両輪に当たるものと言える。第Ⅰ期の教育振興基本計画が平成20年7月閣議決定された。その際、教育に対する公財政支出が、OECD諸国に比して、極めて低いことが議論となったが、基本計画には公財政支出にかかわる数値目標は書き込まれていない。約60年ぶりに教育基本法の改正が行われ、未来に向けて新たな教育理念を実現し、教育の振興を図ることとなったが、国際水準の確保のため適正な規模の公財政支出を確保することが不可欠である。

演習問題

(1) 教育行政にかかわる旧10条と新17条の新旧条文を比較して、改正された条文と旭川学力テスト事件最高裁判決文（昭和51年5月21日付）との関係を整理しておこう。

(2) 諸外国の教育基本法と比較して、各々の国の教育の特色や日本の教育の特色を整理してみよう。

第3章―――幼児教育

　夫婦共稼ぎの増加や少子化傾向が顕著となっている我が国社会にあって、就学前教育は今大きな改革期に差しかかっている。幼児に対する保育と教育の統合理念は、今日の社会福祉と学校教育の社会資源の効率的活用という行政改革の流れを受けて、十分な教育学的視点での吟味が求められている。

　また、義務教育としての学齢期児童生徒に対する学習効果を上げる上でも就学前の教育のあり方、制度的な整備が国民的関心事となっている。

　そのため、本章では幼稚園と保育所の各制度の基本的事項の解説とともに、幼保一元化と幼児教育の無償化について将来の展望にも論究することとした。

第1節　幼児教育制度の沿革と基本的内容

　幼児教育に関する法律上の定義はないが、教育用語としては幼児教育に関する様々な定義がある（※1）。例えば、中央教育審議会では、幼児教育を「幼児に対する教育を意味し、幼児が生活するすべての場において行われる教育を総称したもの」と定義し、具体的には幼稚園における教育、保育所等における教育、家庭における教育、地域社会における教育を含み得るとしている（※2）。

　一般に幼児教育といえば、幼稚園や保育所等において行われている集団教育を想定されるので、本稿においても幼児教育を0歳から小学校就学前までに行われる教育という意味で使うことにしたい。図1、図2は、幼稚園と保育所の就園状況及び制度を比較したものである。

（1）幼稚園と保育所の歴史

　日本の学校教育体制の始まりとされる明治5（1872）年の学制では、幼児教

※1　本稿では、幼児を小学校入学前の者として使用する。なお、学校教育法では、満3歳児から小学校入学前までの者を幼児と呼んでいるが、児童福祉法では満18歳に満たない者を児童といい、それをさらに分けて0歳児を乳児、満1歳から小学校入学前までの者を幼児、小学生以上を少年と呼んでいる、法律によって幼児の定義が異なることに留意する必要がある。

※2　中央教育審議会「子どもを取り巻く環境の変化を踏まえた今後の幼児教育の在り方について」（答申、平成17年1月28日）

（図1）就学前教育・保育の実施状況（平成19年度）〈学年齢別〉

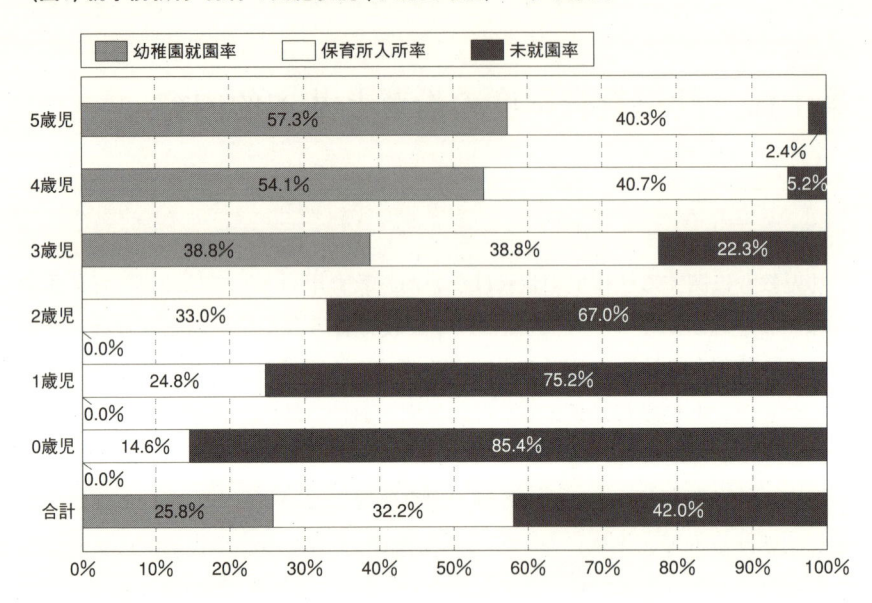

凡例: ■幼稚園就園率　□保育所入所率　■未就園率

学年齢	幼稚園就園率	保育所入所率	未就園率
5歳児	57.3%	40.3%	2.4%
4歳児	54.1%	40.7%	5.2%
3歳児	38.8%	38.8%	22.3%
2歳児	0.0%	33.0%	67.0%
1歳児	0.0%	24.8%	75.2%
0歳児	0.0%	14.6%	85.4%
合計	25.8%	32.2%	42.0%

	幼稚園在園者数【幼稚園数:13,723】	幼稚園就園率	保育所在所児数【保育所数:22,838】	保育所入所率	推計未就園児数	未就園率	該当年齢人口
5歳児	0人	0.0%	158,500人	14.6%	927,000人	85.4%	1,085,500
4歳児	0人	0.0%	263,500人	24.8%	801,000人	75.2%	1,064,500
3歳児	0人	0.0%	354,000人	33.0%	718,500人	67.0%	1,072,500
2歳児	429,000人	38.8%	429,200人	38.8%	246,900人	22.3%	1,105,500
1歳児	614,100人	54.1%	461,400人	40.7%	59,000人	5.2%	1,134,500
0歳児	663,500人	57.3%	466,200人	40.3%	27,800人	2.4%	1,157,500
合計	1,705,400人	25.8%	2,132,700人	32.2%	2,781,900人	42.0%	6,620,000
うち0〜2歳児	0人	0.0%	776,000人	24.1%	2,446,500人	75.9%	3,222,500
うち3歳児〜5歳児	1,705,400人	50.2%	1,356,800人	39.9%	335,300人	9.9%	3,397,500

※保育所の数値は平成19年度「社会福祉施設等調査」（平成19年10月1日現在）を学年齢別に換算した推計値。
※幼稚園の数値は平成19年度「学校基本調査報告書」（平成19年5月1日現在）より。
　なお、「幼稚園」には特別支援学校幼稚部を含む。
※該当年齢人口は総務省統計局による人口推計（平成19年10月1日現在）を学年齢別に換算した推計値。
※「推計未就園児数」は、該当年齢人口から幼稚園在園者および保育所在所児数を差し引いて推計したものである。
※四捨五入の関係により、合計が合わない場合がある。

(図2) 幼稚園と保育所の比較

区分	幼稚園	保育所
【根拠】 施設の性格 根拠法令 目的	学校 学校教育法 「義務教育及びその後の教育の基礎を培うものとして、幼児を保育し、幼児の健やかな成長のために適当な環境を与えて、その心身の発達を助長すること」（学校教育法第22条）	児童福祉施設 児童福祉法 「日々保護者の委託を受けて、保育に欠ける乳児又は幼児を保育すること」 （児童福祉法第39条）
【サービス内容】 対象児 開設日数 保育時間 保育・教育内容	満3歳～就学前の幼児 39週以上（春夏冬休みあり） 4時間を標準 ※預かり保育を実施 幼稚園教育要領 （保育所保育指針との整合性が図られている）	0歳～就学前の保育に欠ける児童 約300日 8時間を原則 ※延長保育、一時保育を実施 保育所保育指針 （幼稚園教育要領との整合性が図られている）
【設置主体】	国（国立大学法人を含む。）、地方公共団体、学校法人 ※ただし、私立の幼稚園については、当分の間、学校法人によって設置することを要しない。	制限なし
【人員】 保育士（教諭）の配置基準 資格 職員数	1学級35人以下 幼稚園教諭専修（院卒） 幼稚園教諭1種（大卒） 幼稚園教諭2種（短大卒） 11万1千人（H20.5現在）	0歳　　3:1 1・2歳　6:1 3歳　　20:1 4・5歳　30:1 保育士（国家資格） 28万8千人（H19.10現在）
【財源と利用料】 運営に要する経費 保育料	私立（私学助成） H21予算　335億円（3～5歳児） 　（H20予算:334億円） 公立（交付税措置） 幼稚園ごとに保育料を設定 （所得に応じて就園奨励費を助成）	私立（国庫負担金） H21予算　3,276億円（0～5歳児） （H20予算:3,276億円） （国1/2、都道府県1/4、焼損1/4） 公立（交付税措置） 市町村ごとに保育料を設定 所得に応じた負担
【施設】 施設基準	幼稚園設置基準（文部省令） 運動場、職員室、保育室、遊戯室、保健室、便所、飲料水用設備等 ※運動場は幼稚園と同一敷地内・隣接	児童福祉施設最低基準（厚生省令） 保育室、遊戯室、屋外遊戯場、調理室、便所 ※屋外遊戯場は保育所の付近にある場合でも可
【その他】 入所 施設数 園児数	保護者と幼稚園設置者との契約 1万4千か所（H20.5現在） 　国公立　5千か所 　私　立　8千か所 167万4千人 　国公立　32万5千人 　私　立　134万9千人	市町村と保護者の契約（保護者の希望に基づく） 2万3千か所（H20.4現在） 　公立　　1万1千か所 　私立　　1万2千か所 202万2千人 　公立　　91万9千人 　私立　　110万3千人

育機関として幼児小学が構想され「男女ノ子弟六歳迄ノモノ小学ニ入ル前ノ端緒ヲ教ルナリ」と規定されていた。しかし、この規定により実際に設置された幼児小学はなく、明治9年に設置された東京女子師範学校附属幼稚園が日本で最初の幼稚園とされている。

　明治32（1899）年、幼稚園に関する最初の法令として幼稚園保育および設備規定ができ、保育時間数、保育内容、教職員、施設整備などが規定された。これによって幼稚園の設置が徐々に進み、大正時代に入ると幼稚園数は950園を越えた。幼稚園の普及に伴い、小学校令の規定から独立させるべきとの建議書が帝国議会で採決されるに至り、幼稚園に関する勅令として大正15（1926）年に「幼稚園令」が制定された。幼稚園令においては「幼稚園ハ幼児ヲ保育シテ（中略）家庭教育ヲ補フヲ以テ目的トス」と規定され、幼稚園教育は家庭教育を補うものとされた。

　幼稚園令の制定以前には、幼稚園の就学年齢や「保母」と呼ばれた教師の資格は定められていなかったが、幼稚園令により、幼稚園に入園できる年齢は3歳以上小学校就学の始期に達するまでの幼児とし、幼稚園には園長を置くことや保母の資格も定められた。また、幼稚園令施行規則では、幼稚園での組の編成を年齢別にすること、保母一人が受け持つ幼児数は40人以下とされた。こうして、日本における幼稚園教育の基盤が整備された。

　一方、保育所は、明治20年代に就労婦人や生活困窮者に対する支援としての民間による託児所が始まりとされる。こうした託児所の設立は、内務省が民政の安定、青少年の非行化防止、労働者の家庭改善などを目途とする必要性を認識して、明治42（1909）年から民間社会事業団体に対して補助金を交付するようになったことにより次第に広まった。大正時代には、都市における低所得勤労者の生活不安を解消する社会政策の一環として公立施設も設置されるようになった。さらに、昭和13（1938）年に社会事業法が制定されて託児所は社会事業施設として法的にも位置づけられるに至った。

　こうして幼稚園と託児所の整備が進み、昭和19年の幼稚園、託児所の普及状況は、幼稚園が2,006園、託児所が2,184園となった。しかしながら、当時、小学校の就学率が99％であったのに対して、幼稚園5歳児の就園率はわずか6.8％しかなかった。

(2) 幼稚園の行財政制度

学校教育法

　幼稚園は、昭和22（1947）年に制定された「学校教育法」によって、正規の学校体系の一環として位置づけられ、学校に関する基本的事項はすべて幼稚園にも適用されることになった。具体的には、①幼稚園の目的、目標が明示されたこと、②入園資格者を満3歳から小学校就学の始期に達するまでの幼児としたこと、③保母の名称が教諭に改められ、園長および教諭の職務が示されたことなどが挙げられる。学校教育法を受けて、学校教育法施行規則などが定められ、幼稚園に関する基本的な法令が整った。

　なお、学校教育法の幼稚園の目的規定において、「幼稚園令」にあった「家庭教育ヲ補フ」が削除されたことは、幼稚園が家庭教育の補助機関ではなく、独自の役割と使命を有する学校に位置づけられたことを示している。

　昭和22年以降、幼稚園に関する法令は大きな変更がなされることはなかったが、平成18（2006）年、教育基本法が約60年ぶりに全面改正され、新しい教育基本法第11条に「幼児期の教育」が新設された。ここでいう「幼児期の教育」には、幼稚園のみならず保育所における教育も含まれ、さらには、家庭や地域における0歳から小学校就学前までの教育もすべて含まれている。

　この教育基本法の改正を踏まえ、平成19年には学校教育法の改正が行われた。この改正では、改正前には学校種の後ろに規定されていた幼稚園の規定を小学校に関する規定の前に移動している。その理由は、学校教育が幼稚園から大学に至るまでの学校教育全体を通じて、教育を受ける者の心身の発達段階に応じて体系的に行われるものであることを明確にするためである。単純化していえば、幼稚園は子どもが初めて入る学校であることを明示するため、幼稚園の規定（第23条）が小学校（第29条）の前に置かれたわけである。また、幼稚園の目標が現在の幼稚園現場の実態を踏まえて一部改められた。

幼稚園に対する補助制度

　前述のとおり、幼稚園は明治9（1876）年に国立施設で初めて設立されたが、

政府は義務教育の普及を優先したため、地方公共団体は小学校と中学校の新設に追われた。第2次世界大戦後、子どもの数が急増する中で公立幼稚園の設置は後回しとなったため、国民の幼稚園への就園ニーズの高まりに応えたのは、私立幼稚園であった。幼稚園は学校法人以外のものでも設置が可能であったので、個人立幼稚園や宗教法人立幼稚園などが続々と設置された。第2次ベビーブーム（昭和48（1973）年）当時、5歳児の就園率は62％、国公立幼稚園は4,812園、私立幼稚園は7,374園という状況であった。しかし、私立幼稚園に対する公的助成は整備されておらず、財政支援の体制を確立することが大きな課題とされた。

　私立幼稚園に関する公的助成には2種類ある（図3）。ひとつは、学校法人という機関に対する補助（私学助成）、もうひとつは幼稚園に通う幼児を持つ保護者に対する保育料補助（幼稚園就園奨励費）である。私学助成は、園児数（定員数）、教員数などに応じて積算単価を決めて補助金を出すことにより、教育条件を維持し、私立学校の安定的な経営に資することを目的としている。一方、幼稚園就園奨励費は、公教育として実施されている幼稚園教育において公立と私立の保育料に格差があることから、その公私間の格差を是正することを目的としている。

(図3) 現行の私学助成及び幼稚園就園奨励費補助制度の実施スキーム

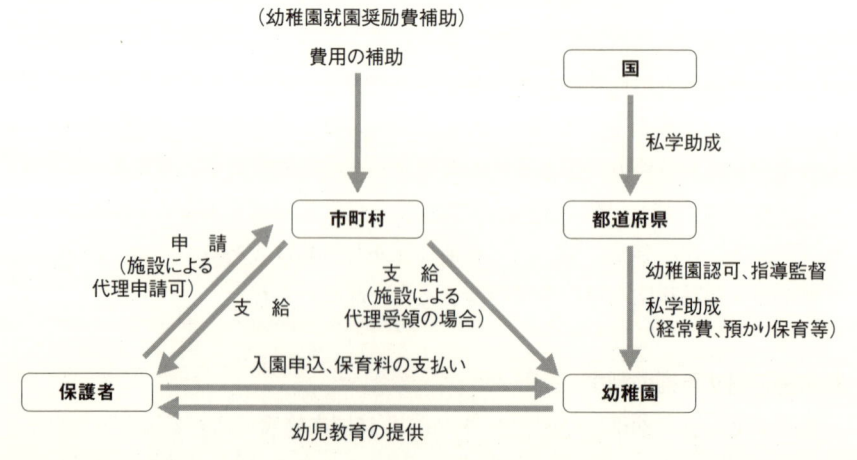

①私立学校振興助成法による助成

　私立幼稚園に対しては、昭和39（1964）年度には机、滑り台、オルガンなど園具等の設備整備費補助、昭和42年度に園舎、園庭などの施設整備費補助が創設された。さらに、昭和45年度から、都道府県において高等学校以下の私立学校に対して経常費助成ができるよう地方交付税措置が開始されたが、都道府県の助成には格差が生じてしまった。そこで、昭和50年度から、新たに私立学校に対する国の経常費助成費補助金を計上して、助成の充実を図った。しかし、当時60％を越える私立幼稚園は学校法人立以外であったことから、経常費補助等が受けられないという問題が生じた（※3）。

　私立学校振興助成法（p.192参照）の成立により、学校法人立以外の私立幼稚園に対しても、当分の間、公費助成ができることとなったが、公費助成のうち補助金の交付を受ける場合には、5年以内に学校法人化しなければならないこととされた。この財政措置の結果、私立幼稚園の学校法人化は急速に進み、昭和60年には70％を超え、現在では約88％が学校法人立となっている。

　私立学校振興助成法により、私立幼稚園に対する財政支援は格段に充実し、経営の安定と教職員の処遇改善などを通じて教育の質的向上も図られた。

②幼稚園就園奨励費補助事業

　昭和47年度には、幼稚園に4歳児および5歳児を通園させている保護者の経済的負担を軽減するため、市町村が国の補助を受けて幼稚園の入園料、保育料を減免する幼稚園就園奨励費補助事業が創設された。本事業では、補助対象となる減免限度額は、保護者の所得額により差が設けられており、生活保護世帯や市町村住民税非課税世帯には手厚く補助されている（図4）。

※3　学校教育法の規定により、私立幼稚園の設置者は当分の間、学校法人であることを要しないこととされていたが、私立学校法の規定により公費助成を受けることができるのは学校法人に限定されていた。

(図4）幼児教育関係概算要求の概要（平成22年度）

幼稚園就園奨励費補助

22年度概算要求額　20,903百万円（＋506百万円）（対前年度）
21年度予算学　20,397百万円

【事業の概要】
　保護者の所得状況に応じて経済的負担を軽減等することを目的として、保育料等を軽減する「就園奨励事業」を実施している地方公共団体に対して、国が所要経費の一部を補助する。　　　　　　　　　　　　　　　　　　　　　　（補助率：1/3以内）

(1) 低所得者への給付の重点化

　子ども手当ての創設を踏まえ、低所得者への給付の重点化及び保育所の保護者負担との均衡を図る観点から、補助単価の在り方を抜本的に見直す。

		(21予算)	(22要求)	(対前年度費)	(実質保護者負担額)
I	生活保護世帯	153,500円	→299,000円	(145,500円増)	0円
II	市町村民税非課税世帯	153,500円	→251,000円	(97,500円増)	48,000円
	（市町村民税所得割非課税世帯含む）	(116,300円	→251,000円	(134,700円増))	174,000円
III	市町村民税所得課税額 (34,500円以下)	88,400円	→125,000円	(36,600円増)	274,000円
	（年収360万円以下）				
IV	市町村民税所得課税額 (183,000円以下)	62,200円	→ 25,000円	(37,200円減)	
	（年収680万円以下）				

※私立幼稚園の補助単価（第1子）について掲げている。
※保育料から補助単価を差し引いた額が保護者の実負担額（保育料の全国平均は299,000円）
※年収は夫婦と子ども2人の場合を参考までに掲げている。

(2) 第2子の保護者負担の軽減

兄弟姉妹のいる家庭の負担軽減を図るため、第2子の保護者負担を軽減する。

		(21予算)	(22要求)
○兄・姉が幼稚園児の場合	第2子	0.5（半額）	→ 0.5（半額）
	第3子以降	0.0（無償）	→ 0.0（無償）
○兄・姉が小1〜3の場合	第2子	0.9	→ 0.6
	第3子以降	0.0（無償）	→ 0.0（無償）

※第1子の保護者負担割合を［1.0］とした場合の第2子以降の保護者負担割合

私立幼稚園に通園する99％の幼児は本事業補助を受けているが、私立幼稚園を有する市町村のうち1％が本事業を実施しておらず、予算措置ではすべての市町村において事業が実施できないという問題がある。すべての子どもが本事業の恩恵を受けるには市町村による本事業の実施を義務付けるなどの法的措置が必要と考えられる。

幼稚園教育振興計画の策定
　幼稚園は義務教育ではなかったことから、国として計画的に施策を推進する機運が乏しかった。しかし、国民の幼稚園教育への要望が高まるにつれて、国と地方公共団体がどのように幼稚園教育を普及させていくかの青写真が必要となった。
　そのため、昭和39（1964）年、文部省は「幼稚園教育振興計画」をはじめて策定した（※4）。その後、第2次（昭和47年）、第3次（平成3年）の幼稚園教育振興計画要領、平成13（2001）年には幼児教育振興プログラムが策定され、満3歳児を含め就園を希望するすべての幼児を就園させるため、3年保育の普及が図られた。
　また、平成7年の幼稚園設置基準改正により、一学級の幼児数を「40人以下を原則とする」から「35人以下を原則にする」と改められている。
　これら一連の幼稚園教育振興計画を通じて、都道府県及び市町村における幼稚園教育の計画的な整備は進んだ。しかし、公立幼稚園の所管は市町村教育委員会、私立幼稚園の所管は都道府県の私立学校部局という二元行政体制下で行われたため、地方公共団体どうし又は教育委員会と首長部局の相互協力と連携が円滑に行われないという課題も残った。

※4　①人口おおむね1万人以上の市町村における幼稚園就園率を63.5％以上とするため、幼稚園の新設と学級の増加を図る。7年計画で約3,000園の公私立幼稚園を新設する。②各市町村における幼稚園数は、人口1万人につき1幼稚園とし、その規模は120人とする。③教員の待遇改善を図るため、幼稚園教員の給与費を将来都道府県負担とすることを検討することなども盛り込まれていた。

（3）幼稚園の教育内容の変遷

保育要領

　学校教育法の成立を受けて、昭和23（1948）年に、幼稚園の教育内容に関する基準として「保育要領―幼児教育の手引き」が示された。この保育要領は、幼稚園教諭のみならず、保育所の保母や家庭の父母にも参考となるよう、教育の根本的な指導理念や方法など幼児教育全般にわたる教育の原理を示したもので、後年の幼稚園教育要領とは性格が異なっていた。

　昭和31（1956）年には「保育要領」が全面改定され「幼稚園教育要領」となった。ここでは、幼稚園教育要領が幼稚園の教育課程の基準を示すものと位置づけるとともに、教育内容を、健康、社会、自然、言語、音楽リズム、絵画制作の6領域とした。

幼稚園教育要領の改定（昭和39年）

　施行規則を改定し、幼稚園教育要領を文部省告示として公示することで教育課程の基準としての性格を明確にした。昭和31年の幼稚園教育要領と比較してみると、以下の特色を有している。
　①「幼児にふさわしい環境を与え、その生活経験に即して総合的な指導を行う」という幼稚園教育の独自性を一層明確にした。
　②領域は幼稚園修了までに幼児に指導することが望ましいねらいを示したものであること、そのねらいは相互に密接な連関があり、幼児の具体的、総合的な経験や活動を通じて達成されることを明示した。具体的には、137の具体的な「ねらい」が健康、社会、自然、言語、音楽リズム、絵画製作という6つの領域に区分された。
　③教育指導そのものに重点を置くため、指導上の留意事項を別立てにして明示した。
　また、昭和43年には幼稚園現場における幼稚園教育要領の理解を促進するため、幼児教育全般にわたる平易な解説書として「幼稚園教育指導書一般編」を刊行した。これが現在の「幼稚園教育要領解説」に受け継がれている。

幼稚園教育要領の改定（平成元年）

　昭和39年の幼稚園教育要領を25年ぶりに改訂した。小学校以上の学習指導要領はこの間に2回（昭和43年、昭和52年）に改定されているが、幼稚園教育においては授業時数、領域や教育のねらいなどの見直しが行われなかったため、幼稚園教育要領の改訂は行われなかった。

　しかし、平成元（1989）年の学習指導要領の改訂では、幼稚園から高等学校までの一貫した検討が初めて行われたため、幼稚園教育要領も改訂されることとなった。その主な改善点は以下の通りである。

①幼稚園教育は環境を通じて行うことが幼稚園教育の基本であると明示した。
②従来の領域を健康、人間関係、環境、言葉、表現の五つの領域で編成することにした。
③年間教育日数を最低39週とした。

幼稚園教育要領の改訂（平成10年）

　平成10（1998）年の改定においては、完全学校週5日制のもとで、生きる力を育む観点から内容の見直しが行われた。基本的な内容に変更はないが、次の3点が新たに加えられた。

①小学校との連携を強化するため、幼稚園において創造的な思考や主体的な生活態度を培うように配慮することを明記した。
②家庭や社会のニーズの多様化に対応し、教育課程にかかる教育時間の終了後に行う教育活動（いわゆる預かり保育）など幼稚園運営の弾力化を推進することを記述した。
③幼稚園が子育て相談や未就園児の保育活動などを実施することで、地域の幼児教育のセンターとしての役割を果たすことを記述された。

幼稚園教育要領の改訂（平成20年）

　教育基本法、学校教育法の改正を受けて、幼稚園教育要領も改訂された。その主な改善点は以下のとおりである。

①幼稚園と小学校との円滑な接続を図るため、規範意識や思考力の芽生えなどに関する指導を充実するとともに、幼稚園と小学校の連携を推進する。
②家庭と幼稚園の連続性を確保するため、幼児の家庭での生活経験に配慮した指導や保護者の幼児期の教育の理解を深めるための活動を充実する。
③預かり保育の具体的な留意事項を示すとともに、子育ての支援の具体的な活動を例示した。

なお、平成20年の幼稚園教育要領と保育所保育指針の改訂に当たっては、教育の内容についてほぼ同じ内容となるよう整合性が図られた。

幼児教育の変化

幼稚園教育の内容は、平成元年の幼稚園教育要領改定を境に大きく変わった。それまでは子どもにとって望ましい体験を教師があらかじめ設定し、その目標に子どもを導いていく「一斉指導（設定保育）」が幼稚園における教育方法であった。

しかし、子ども一人ひとりの発達が異なることを踏まえて、子どもの自発性や個性を尊重する「個の指導」を重視した教育方法に改められた。また、教師が幼児を直接指導するのではなく、教師があらかじめ子どもの興味や関心に合わせて「環境」を作り、その環境を通じて教育することが、幼稚園教育の基本であることが示された。

幼稚園では国の検定を経た教科書も使用せず、授業時数も定められていないことから、子どもを遊ばせるだけの「自由保育」が展開されているという誤解がある。しかし、幼稚園教育の本質は、上記のように、教師が子ども一人ひとりを理解し、個に応じた指導が教師のあらかじめ設定した「環境」を通じて行われることにある。子どもが楽しく遊んでいるとしても、そこには教師の綿密な指導的配慮が働いていることに留意する必要がある。

第2節　保育所に関する法制度

(1) 児童福祉法

　保育所は昭和22（1947）年の児童福祉法により児童福祉施設として位置づけられた。日中就労等している保護者に代わって乳幼児を保育し、子どもの心身の健全な発達を図る施設とされた（※5）。

　保育所が戦前の託児所と異なる特徴として、①低所得者階層の保護者の救済ではなく、児童の福祉を図ることを主な目的としたこと、②生活困窮者、低所得者に限らず、日中家庭に世話をする者がない「保育に欠ける子ども」を入所措置することにしたこと、③児童の保育担当者として保母の施策を明確に規定したことが挙げられる。

　保育所の入所対象は0歳から小学校就学前の「保育に欠ける子ども」であり、保護者が居住地の市町村に申し込み、市町村が選考の上で保育所を決定する。開所時間は原則週6日、各日11時間開所となっているが、夕方や夜間などの延長保育、休日保育を実施する保育所も増えてきている。

　また、児童福祉法第45条第1項により、保育所には「最低基準」があり、保育室、ほふく室、調理室など設備、保育士や調理員などの職員の配置、1日8時間を原則とする保育時間、保育内容などが定められている（※6）。

※5　児童福祉法第39条では、「保育所は、日々保護者の委託を受けて、保育に欠けるその乳児又は幼児を保育することを目的とする施設とする」と規定されている。
※6　児童福祉施設最低基準第5章第32条～36条の3を参照。

(2) 保育所保育指針

　保育所における保育内容は、昭和25年に「保育所運営要領」、昭和27（1952）年に「保育指針」が作成されたが、保育所保育の理念や保育内容・方法等が体系的に示されたのは昭和40（1965）年の「保育所保育指針」が最初である。この保育所保育指針では、後述する文部省・厚労省共同通知で「教育に関するものは幼稚園教育要領に準ずる」とされたことから、昭和39年の幼稚園教育要領の内容に沿って保育所保育指針の内容が定められた。

第3節　幼稚園と保育所の一元化に関する論点

(1) 幼保問題

文部省・厚生省共同通知（昭和38年）
　幼稚園と保育所の普及に伴い、二つの施設の目的と機能を明確にする必要が生じたことから、文部省と厚生省では、昭和38（1963）年に共同通知を発出し、次のような見解を示した。
　①幼稚園と保育所は、その目的を異にするものである。現状では両者ともその普及は不十分であるから、それぞれが十分その機能を果たしうるよう充実整備する必要がある。
　②幼児教育については、将来その義務化についても検討を要するので、幼稚園においては、今後5歳児および4歳児に重点を置いていっそうその普及充実を図るものとすること（後略）。

③保育所の持つ機能のうち、教育に関するものは、幼稚園教育要領に準ずることが望ましいこと（後略）。
④保育所への入所決定は今後いっそう厳正にこれを行うようにするとともに、保育所に入所している「保育に欠ける幼児」以外の幼児については、幼稚園の普及に応じて幼稚園に入園するよう措置すること、
⑤将来、保母の資格等については検討を加え、改善を図るようにすること。

　この通知により、保育所は「保育に欠ける子ども」のための福祉施設、幼稚園は特に4歳児5歳児のための教育機関としての位置づけが徹底され、幼稚園と保育所の二元化が明確になった。

中央教育審議会答申（昭和46年）

　昭和46（1971）年、中教審は学校教育の総合的な拡充整備のための基本的な施策に関する答申を出し、幼児教育から高等教育にわたる広範な課題について提言した。この中で、幼児教育について、以下の提言がなされている。
①幼稚園に入園を希望するすべての5歳児を就園させることを第1次の目標として幼稚園の拡充を図るため、市町村に対して必要な収容力を持つ幼稚園を設置する義務を課するとともに、国および府県の財政援助を強化すること。
②公立私立幼稚園が公教育としての役割を適切に分担するよう、地域配置について必要な調整を行うこと。
③教育の質的な充実と就学上の経済的負担の軽減を図るため必要な財政上の措置を講ずること。

　①②が提言された背景として、当時、幼稚園児の75％は私立幼稚園に通っており、幼稚園は地域的に大きな偏りがあった。そのため、すべての希望者を入園させるためには、私立幼稚園の地域配置に配慮しながら、園児の収容力が不足する地域については市町村が公立幼稚園を設置するように義務づける必要があった。しかし、公立幼稚園の設置を義務づけることまではできなかったため、市町村の対応はまちまちになった。

　また、③が提言された背景には、私立幼稚園に対する財政支援が少なく、私立幼稚園と公立幼稚園では保育料などの保護者負担に格差が生じていたことが

挙げられる。そのため、父母の経済的負担が公立と同程度で、教育水準は公立と同等以上を維持できるよう措置する必要があり、国と都道府県は市町村および私立幼稚園に対して財政援助を行うべきとの考え方が示された。この提言は、のちに私学助成と幼稚園就園奨励費補助事業が開始される契機となった。

また、この答申では保育所との関係について、「保育に欠ける幼児」は保育所において幼稚園に準ずる教育が受けられるようにすることを当面の目標とすべきであるとした。その上で、保育に欠ける幼児にもその教育は幼稚園として平等に行うのが原則であるから、将来は幼稚園として必要な条件を具備した保育所に対して幼稚園としての地位を併せて付与する方法を検討すべきと提案している。

これに対して、昭和46(1971)年10月の厚生労働省中央児童福祉審議会においては、「幼稚園と保育所はそれぞれ目的、機能を異にしており、一元化は適当ではない。保育所においては長時間にわたる養護と教育一体の保育が望ましく、幼稚園・保育所双方の地位を併せ持つような形態は児童福祉の上で望ましくない」と意見具申している。

ここに現れた中央教育審議会と中央児童福祉審議会の意見の違いは、幼稚園と保育所の考え方の違いを端的に表している。昭和38(1963)年の文部省厚生省共同通知で明らかになった幼保二元体制は、これらの答申により決定的になった。

昭和50年代以降の議論

第2次ベビーブームの中で、幼稚園と保育所はそれぞれ園児数・施設数ともに増加し、昭和51(1976)年には5歳児の90%、4歳児の76%は幼保どちらかの施設に通う状況となった(図5)。幼稚園は教育制度、保育所は社会福祉制度の中でそれぞれ存立する状況に対して、同じ3〜5歳児を対象とする施設として、幼稚園と保育所は一元化すべきとの議論も盛んになった。

(図5) 幼稚園・保育所園児比較

○幼稚園児数は、昭和53年の2,467,895人をピークに減少し、平成10年を境に保育所と逆転している。
○保育所児数は、昭和55年までは増加し、一旦減少したものの、平成19年には2,132,651人と過去最大となっている。

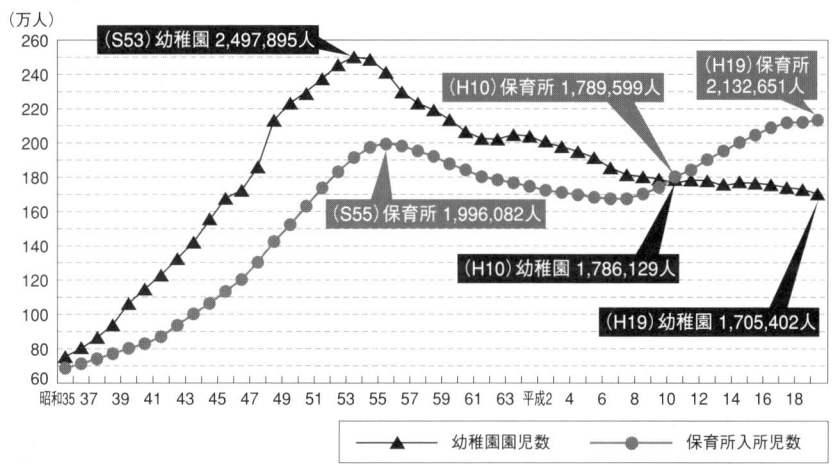

(S53) 幼稚園 2,497,895人
(H10) 保育所 1,789,599人
(H19) 保育所 2,132,651人
(S55) 保育所 1,996,082人
(H10) 幼稚園 1,786,129人
(H19) 幼稚園 1,705,402人

※データは厚生労働省(厚生省)「社会福祉施設等調査報告」、文部科学省(文部省)「学校基本調査報告書」
※昭和46年度以前の幼稚園には沖縄県分は含まれていない。

(図5) 幼稚園・保育所施設数比較

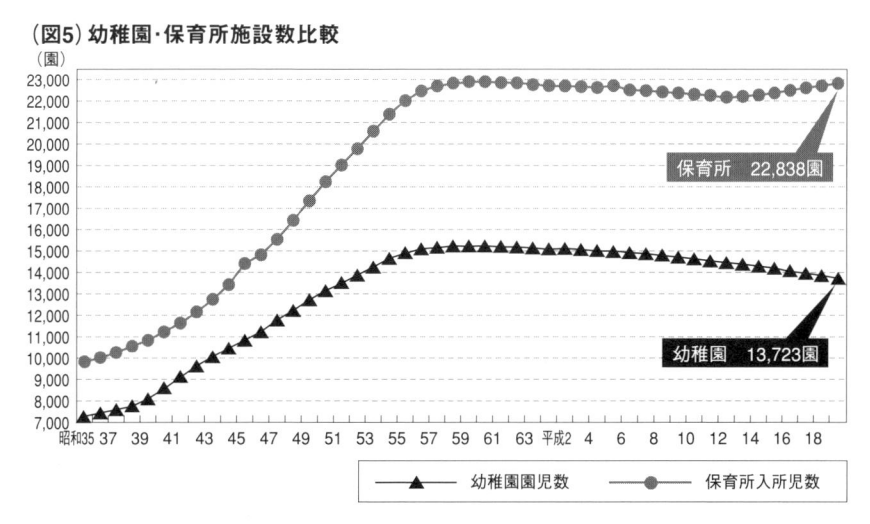

保育所 22,838園
幼稚園 13,723園

※データは厚生労働省(厚生省)「社会福祉施設等調査報告」、文部科学省(文部省)「学校基本調査報告書」
※昭和46年度以前の幼稚園には沖縄県分は含まれていない。

幼保一元化議論に関して、昭和50年に、行政管理庁が行政観察結果にもとづき初めて勧告を行った（※7）。これに対して、文部・厚生両省は「幼稚園及び保育所に関する懇談会」を設置し、昭和56年に「幼保はそれぞれ異なる目的・機能の元に必要な役割を果たしてきており、簡単に一元化できる状況ではない。幼稚園の預かり保育、保育所の私的契約などの両施設の弾力的運用について検討する必要がある」とした。

　また、臨時教育審議会第3次答申（昭和62年）でも、①幼稚園・保育所は就園希望、保育ニーズに適切に対応できるよう、それぞれの制度の中で整備を進める、②両者の特性、地域の実情を踏まえつつ両施設の運用を弾力的に進め、家庭や社会の要請、変化に柔軟に対応する、③3〜6歳児については、幼児教育の観点から、教育内容を共通的なものにすることが望まれる、とされた。

　このように、幼保一元化をめぐる議論は幾度も行われた。しかし、幼稚園と保育所の歴史を背景とした「教育」と「保育」に対する考え方の違い、「小学校就学前にも充実した教育を受けさせたい」または「就労形態に合わせて子どもを長時間預けたい」など保護者の多様なニーズが存在した。そのため、幼稚園と保育所を一元化した施設にすることは困難であった。

（2）幼稚園と保育所の連携

　平成元（1989）年、1年間に生まれる子どもの数（合計特殊出生率）が戦後最低の1.57％を記録し、日本は本格的な少子化社会に突入した（図6）。子どもの数の減少に伴い、それまで拡大を続けた幼稚園と保育所は入園児の獲得が大きな課題となる一方、財政難になりつつあった地方公共団体としては、幼稚園と保育所の効率的な配置と運営が課題となった。

(図6) 合計特殊出生率の推移

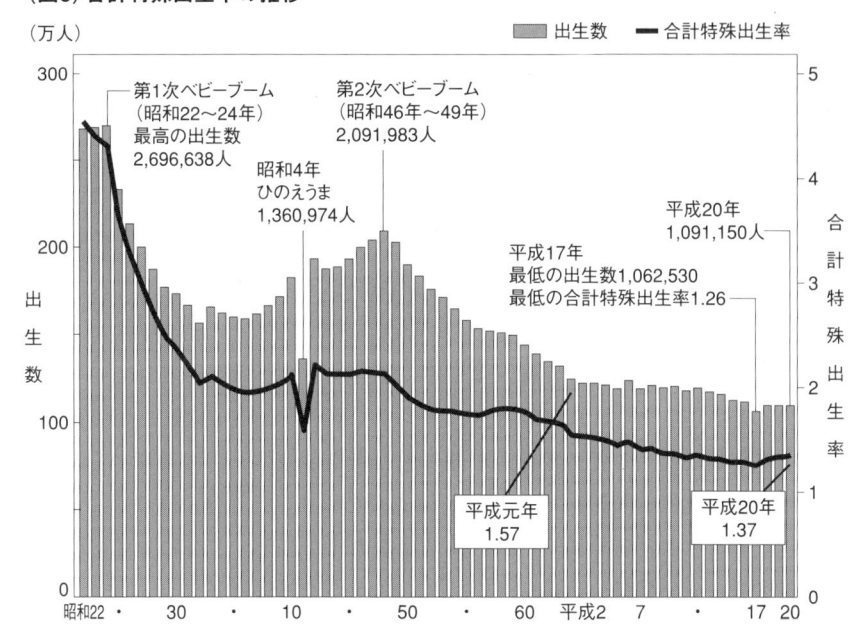

グラフ中の注記:
- 第1次ベビーブーム（昭和22～24年）最高の出生数 2,696,638人
- 第2次ベビーブーム（昭和46年～49年）2,091,983人
- 昭和4年 ひのえうま 1,360,974人
- 平成17年 最低の出生数1,062,530 最低の合計特殊出生率1.26
- 平成20年 1,091,150人
- 平成元年 1.57
- 平成20年 1.37

　地方公共団体や経済界からは幼保一元化を求める要望が次第に強まり、文部省・厚生省とも幼稚園と保育所の連携に関する施策を打ち出すこととなった。その中の主な施策は以下の通りである。

①施設の共有化（平成10年）

　「幼稚園と保育所の共有化等に関する指針」を策定し、施設・設備の相互利用、園具・教具の相互利用、教員・保育士の合同研修等について指針を示した。これにより、幼稚園と保育所を一つの施設として建設することが可能となり、幼保一体型施設と呼ばれる新しい園舎が作られるようになった。

※7　勧告では、「都道府県間、市町村間の幼保の著しい偏在及び両施設の混同的運用が見られる。文部・厚生両省は問題解決に有効な措置をしておらず、協議の場を設けて問題の検討を行うべき」としている。

②幼稚園教諭・保育士の資格の併有の促進

　幼稚園で学級担任をするには幼稚園教員免許が必要であり、保育所に勤務するには保育士の国家資格が必要である。教員養成課程や保育士養成課程の新規卒業者では二つの資格をともに取得する者が約8割となっているが、現職の教諭や保育士はどちらかの資格しか有していない者も多い。そこで、教師と保育士が資格を併有できるように、幼稚園教員の「保育士試験」の受験要件の緩和する（平成16年）とともに、保育士資格保有者が幼稚園教諭免許を取得する方策として、新たに「幼稚園教諭資格認定試験」を創設した（平成17年）。

③幼保合同活動の特例の全国化

　それまで、幼稚園児と保育所児を一緒に保育することは認められていなかったが、平成15年度より構造改革特区において、幼保一体型施設においては幼稚園教諭免許と保育士の資格併有者が保育する場合には、一緒に保育することが認められた。構造改革特区における実施成果を踏まえ、平成17年5月に幼稚園児と保育所児等の合同活動のための特例は全国化された。これにより、幼保一体型の施設においては、教職員室、保育室、園具等を共有するだけではなく、園児も合同で保育できるようになり、効率的な運営が可能となった。

（3）認定こども園制度

　前述のように幼稚園と保育所の連携が進む中で、政府は平成16年3月の「規制改革・民間解放推進3か年計画」において「就学前の教育・保育を一体として捉えた一貫した総合施設」を創設することを閣議決定した。これを受けて、「就学前の子どもに関する教育、保育等の総合的な提供の推進に関する法律」が制定され、平成18年10月より認定こども園制度がスタートした。

　認定こども園では、親の就労の有無に関わらず施設利用が可能となり、専業主婦家庭への支援を含む地域の子育て支援が充実し、適切な規模の子ども集団を維持することにより、子どもの育ちの場が確保されるとともに、既存の幼稚園の活用により待機児童が解消されるという効果が期待された。

　認定こども園には二つの機能が備わっている。それは①就学前の子どもに教

育・保育を提供する機能、すなわち、保育にかける子どもも、欠けない子どもも、受け入れて教育および保育を一体的に提供する機能、②地域における子育て支援を行う機能、すなわち、すべての子育て家庭を対象に、子育て不安に対応した相談や親子の集いの場等を提供する機能である。

この二つの機能を備える施設について、都道府県知事から「認定こども園」としての認定を受けることが出来る仕組みとなっている。この認定には、地域の実情に応じて選択が可能となるように、幼保連携型、幼稚園型、保育所型、地方裁量型（幼稚園、保育所いずれの認可も有していない認可外保育施設が教育と保育の機能を有するもの）の四つの類型がある（図7）。

職員配置等の具体的な認定基準は、文部科学大臣と厚生労働大臣が定める指針を参酌して都道府県の条例で定められ、地域の実情に応じた柔軟な対応が可能となっている。

さらに、認定こども園の認定を受けた保育所は、利用者と施設との直接契約により利用することとし、利用料も基本的に施設で決定できる。これは保育所の仕組みと大きく異なる点である。

認定こども園は、閣議決定された教育振興基本計画などでは「計画期間中に2,000件を目指す」とされているが、平成21年4月現在で358園が認定されているにとどまっている。その原因として、

①認定こども園には幼保連携型にだけ特例としての財政支援があるのみで、その他の類型には財政支援が不十分であった（特に幼稚園に認可外保育施設を併設して0～2歳児の受入れを行うことで待機児童の解消に貢献しようとした私立幼稚園には、認可外保育施設への財政支援がなかったことが大きな障害となった）こと、

②都道府県知事による認定の手続きが煩雑であること、

③学校法人会計と社会福祉法人会計の二つに会計処理を分けねばならないなど幼稚園と保育所の二つの制度に準拠しなければならず事務負担が増えること、

④保育所型にも直接契約が導入されたことが公的責任の後退であると保育関係者から懸念が示されて保育所の取り組みが進まなかったこと、

などが挙げられる。

(図7) 認定こども園制度の概要について

幼稚園、保育所等のうち、以下の機能を備え、認定基準を満たす施設は、都道府県知事から「認定こども園」の認定を受けることができる。

①就学前の子どもに幼児教育・保育を提供する機能
（保護者が働いている、いないにかかわらず受け入れて、教育・保育を一体的に行う機能）

②地域における子育て支援を行う機能
（すべての子育て家庭を対象に、子育て不安に対応した相談活動や、親子の集いの場の提供などを行う機能）

認定こども園の機能について

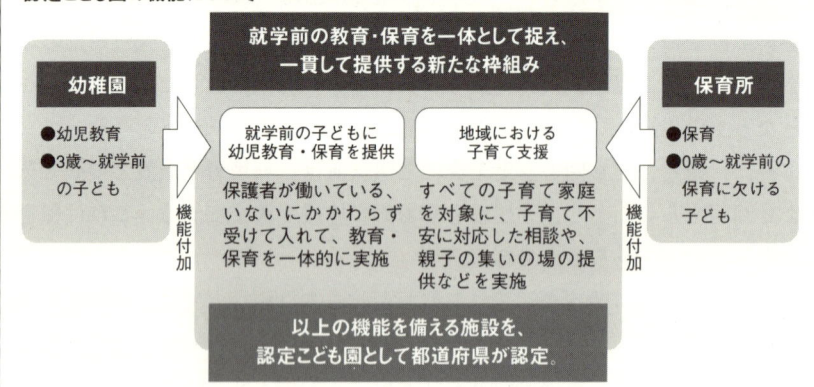

就学前の教育・保育を一体として捉え、一貫して提供する新たな枠組み

幼稚園
- 幼児教育
- 3歳～就学前の子ども

機能付加 → 就学前の子どもに幼児教育・保育を提供（保護者が働いている、いないにかかわらず受け入れて、教育・保育を一体的に実施）

地域における子育て支援（すべての子育て家庭を対象に、子育て不安に対応した相談や、親子の集いの場の提供などを実施）

保育所
- 保育
- 0歳～就学前の保育に欠ける子ども

← 機能付加

以上の機能を備える施設を、認定こども園として都道府県が認定。

認定こども園のタイプ

認定こども園には、地域の実情に応じて次のような多様なタイプが認められることになる。なお、認定こども園の認定を受けても、幼稚園や保育所等はその位置づけを失うことはない。

幼保連携型
認可幼稚園と認可保育所とが連携して、一体的な運営を行うことにより、認定こども園としての機能を果たすタイプ

幼稚園型
認可幼稚園が、保育に欠ける子どものための保育時間を確保するなど、保育所的な機能を備えて認定こども園としての機能を果たすタイプ

保育所型
認可保育所が、保育に欠ける子ども以外の子どもも受け入れるなど、幼稚園的な機能を備えることで認定こども園としての機能を果たすタイプ

地方裁量型
幼稚園・保育所いずれの認可もない地域の教育・保育施設が、認定こども園として必要な機能を果たすタイプ

	認定件数	(内訳)			
		幼保連携型	幼稚園型	保育所型	地方裁量型
H21.4.1現在の認定件数	358	158	125	55	20

そのため、文科省・厚労省では平成20年度補正予算等で「安心こども基金」を都道府県に造成することなどを通じた財政支援を充実している。また、認定こども園を希望する設置者や地方公共団体向けに認定マニュアルを作成したり、手続きの簡素化を図ったりすることにより、認定こども園の設置が促進するような施策を実施してきている。

第4節　幼児教育の無償化

　幼児教育に係る経費の国際比較を見てみると、日本はOECD諸国の中でも最低水準にある（図8）。公立幼稚園で年額約8万円、私立幼稚園で年額約30万円の保育料は、幼稚園や保育所に通う園児を持つ保護者は所得の少ない若い勤労世帯であり、幼児教育にかかる費用は決して軽くない。アンケート調査によれば、子育て費用の負担感の内容として、保育所や幼稚園にかかる費用と答える割合は6割を占めている。少子化対策としての経済的支援措置として最も望まれているのも幼稚園費等の軽減である（図9）。

　保護者の経済的負担軽減は、前述の幼稚園就園奨励費事業によって行われているが、近年では幼児期の教育の重要性も鑑み、すべての子どもに質の高い幼児教育の機会を保障するという観点から、幼児教育の無償化が検討されている。この場合、幼稚園、保育所等に通う3～5歳児を対象とし、国が定める教育内容や施設基準を満たす施設に通う幼児に対して標準1日4時間分の幼児教育にかかる費用を無償にしようというものである。

　今後、文部科学省・厚生労働省等において、無償化の制度および無償とする範囲などをその財源の確保を図りながら総合的に検討することとなっている。

第3章　幼児教育

（図8）幼児教育に係る経費の国際比較

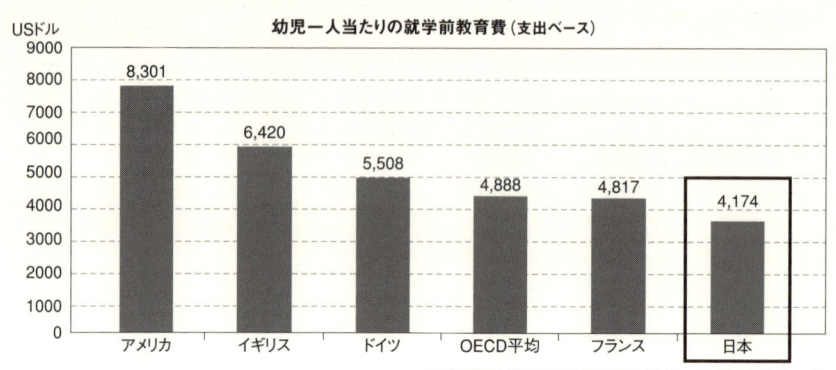

幼児一人当たりの就学前教育費（支出ベース）
USドル

- アメリカ: 8,301
- イギリス: 6,420
- ドイツ: 5,508
- OECD平均: 4,888
- フランス: 4,817
- 日本: 4,174

OECD諸国（数値不明の5か国を除く）25か国中日本は19位

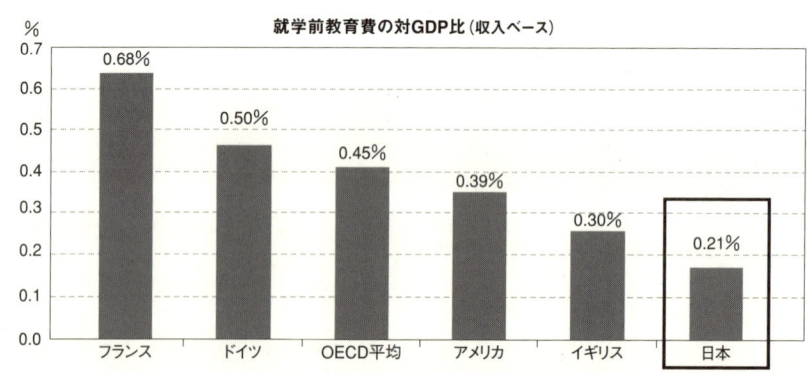

就学前教育費の対GDP比（収入ベース）
%

- フランス: 0.68%
- ドイツ: 0.50%
- OECD平均: 0.45%
- アメリカ: 0.39%
- イギリス: 0.30%
- 日本: 0.21%

OECD諸国（数値不明の5か国を除く）25か国中日本は22位

一人当たり教育費の教育段階比較（支出ベース）
（初等中等教育段階を100とした場合）
%

凡例: ■就学前　■初等中等教育　□高等教育

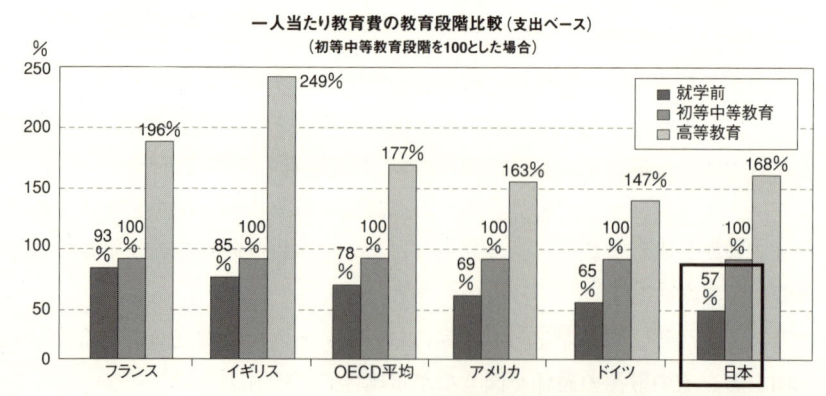

	就学前	初等中等教育	高等教育
フランス	93%	100%	196%
イギリス	85%	100%	249%
OECD平均	78%	100%	177%
アメリカ	69%	100%	163%
ドイツ	65%	100%	147%
日本	57%	100%	168%

OECD諸国（数値不明の5か国を除く）25か国中日本は22位
（一人当たり初等中等教育費に対する一人当たり就学前教育費の割合）

(図8) 幼児教育に係る経費の国際比較

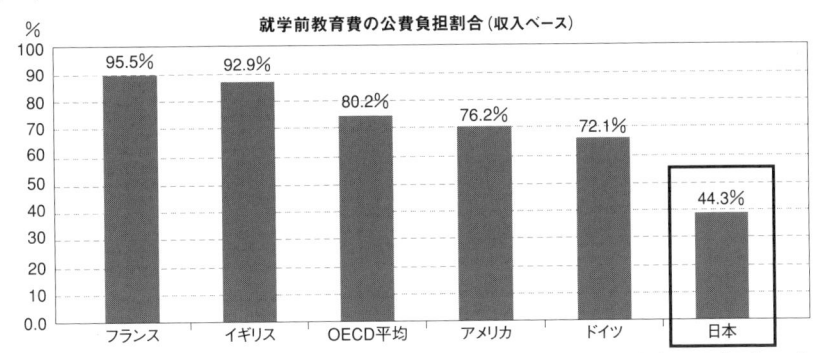

就学前教育費の公費負担割合（収入ベース）

- フランス: 95.5%
- イギリス: 92.9%
- OECD平均: 80.2%
- アメリカ: 76.2%
- ドイツ: 72.1%
- 日本: 44.3%

OECD諸国（数値不明の4か国を除く）26か国中日本は24位
※データはEducation at a glance 2008, OECD Indicatorsより。2005年ベース

(図9) 子育て家庭に対するアンケート調査結果

子どものいる20～49歳の女性のうち、少子化対策として「経済的支援措置」が重要だと考える人の7割が「幼稚園費等の軽減」を望んでいる。

Q.あなたは、少子化対策としての経済的支援措置として、具体的にどのようなものが望ましいと思いますか？
（経済的支援措置が重要だと考える人に対する質問）

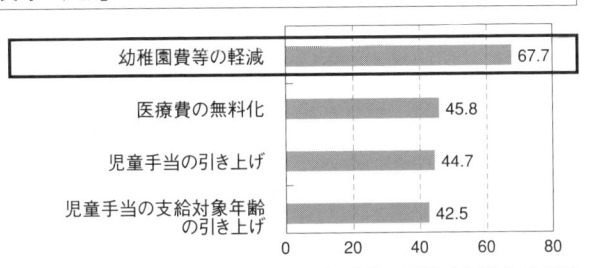

- 幼稚園費等の軽減: 67.7
- 医療費の無料化: 45.8
- 児童手当の引き上げ: 44.7
- 児童手当の支給対象年齢の引き上げ: 42.5

出典：内閣府「少子化社会対策に関する子育て女性の意識調査」（平成17年3月）

子どもが幼稚園に通う世帯においては、子育て費用の負担感の内容として、6割以上が「保育所や幼稚園にかかる経費」をあげている

Q.担感を感じる具体的な内容（複数回答）

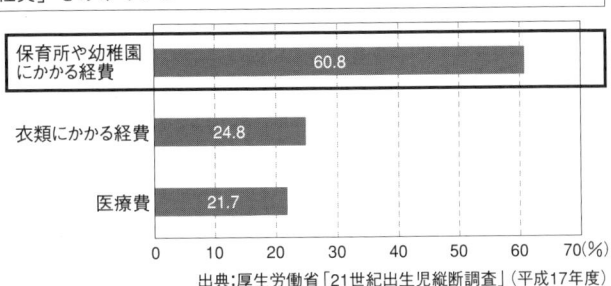

- 保育所や幼稚園にかかる経費: 60.8
- 衣類にかかる経費: 24.8
- 医療費: 21.7

出典：厚生労働省「21世紀出生児縦断調査」（平成17年度）

◎コラム　**子どもの最善の利益を求めて**

　改正教育基本法に幼児期の教育が新設されたことに象徴されるように、幼児教育に対する期待はかつてないほど高まっている。幼稚園や保育所に子どもを通わせる理由の第1位は、人とかかわり集団教育を受けさせたいというものである（※8）。これは、少子化が進み子どもの絶対数が少なくなったため、かつては家庭や地域によって幼児期に培われた子ども同士の人間関係や大人と関わる力などが失われてきたことへの懸念の裏返しであろう。

　また、平成9（1997）年以降、日本では雇用者の共働き世帯が雇用者と専業主婦世帯を上回っており、女性が生涯働き続けられる社会の形成が求められている。また、離婚の増加によりひとり親家庭も増えている。これらに加え、最近の経済危機により働き始めたいと考える母親が急増して、保育所に入るべき幼児（いわゆる「保育に欠ける子」）が認可保育所に入れない待機児童の問題が、特に大都市圏で深刻化している。

　しかし、財政危機にある市町村は認可保育所の増設には慎重である。その理由として、①保育所を増設しても子どもを預ける所があるなら預けたいと考える家庭は次々に生じるので、保育所の増設は新たな保育ニーズ（潜在需要）を喚起するだけで、待機児童数の解消には繋がらないこと、②数年後には少子化が一層進み、子どもの数が減少すれば、待機児童数も自然に減少すること、などが言われている。

　他方、過疎化が進む地域では、幼稚園も保育所の定員割れとなり、1クラスに適当な人数の子どもが確保できず、集団教育の機能を発揮できない状況が生まれつつある。

幼児期に少しでもよい教育を受けさせたいという保護者のニーズと就労形態に応じて子どもを預かって欲しいという保護者の保育ニーズの高まりに、行政としてどのように対応していくかが問われている。認定こども園はその答えの一つと考えられ、この制度を普及していくことが急務である。

　一方で、教育基本法第10条に規定されたとおり、子どもの教育に第一義的責任を有するのは保護者である。発達心理学の観点から極めて大切であるとされるのは、特に乳幼児期では親の愛情を十分に受け、自分の周りの人々に対する信頼感などの「愛着」が子どもに定着するからである（※9）。

　保育所は家庭の代わりに子どもを「保育」する児童福祉施設であり、働く保護者の支援も保育所の役割とされている。また、8割弱の幼稚園においても夕方まで子どもを預かるいわゆる「預かり保育」が実施され、保護者のニーズに対応すべく努めている。

　しかしながら、保護者の長時間勤務に合わせて、幼児までもが長時間（時にはそれが11時間以上になることもある）にわたり施設に預けられている。このことが、子どもの健やかな成長にとってよいことかどうかを、私たちは再度問いかけていく必要はないだろうか。

　最終的には、保護者こそが子どもの教育に携われるよう、社会の仕組みも変えていかなくてはならないのではないか。仕事と家庭（子育て）の両立が図れる「ワーク

※8　財団法人ソニー教育財団「保育に関する意識調査」報告書、2009年
※9　文部科学省「情動の科学的究明と教育等への応用に関する検討会」報告書、2005年

ライフ・バランス」のとれた社会を実現するには、教育行政、児童福祉行政だけではなく、労働行政や男女共同参画社会に関する政策も深く関わってくる。そして、本当に社会を変えていくには、国民一人ひとりが仕事と私事（わたくしごと）のバランスを大切にするという意識をはっきりと持つことも必要なのではないか。

◎コラム　『セサミストリート』のねらい

　『セサミストリート』はパペットやアニメーションをふんだんに活用した幼児向けテレビ番組で、1969年に米国で放映が始められた。日本では英語の学習番組として主に中学生以上の人々に長年にわたって視聴されていたので、知っている読者も多いものと思う。しかし、米国でこの番組が放映された背景には、貧困問題があったのだ。

　1960年代の後半の米国では、人種問題は深刻であったし、このことが貧富の格差という問題にもかかわっていた。一般的に、貧しい家庭の親の多くは、義務教育以上の教育を受けたこともなく、日々の生活で精一杯で子どもたちの教育に関心を示す余裕がないのに対して、裕福な家庭の子どもたちは、学歴の高い教育熱心な親によって早くから学習習慣を身につける傾向がある。その結果、義務教育の開始時点で両者には学力に格差が生じており、学校教育を通じてこれが拡大し、学歴の差ひいては収入の差に結びついていくと指摘されていた。そこで対策の一つとして考え出されたのが、「ヘッドスタート」と呼ばれるプログラムである。ヘッドスタートとは、単純化して言えば、貧困層の子どもを対象に就学前の教育を提供し、義務教育開始時点における貧富の差による学力格差をできるだけ小さくしようとする事業である。

　『セサミストリート』の番組制作を企画したのは、後にチルドレンズ・テレビジョン・ワークショップ（CTW）財団理事長となったジョーン・クーニー女史を中心とする人たちである。彼女たちは連邦政府や民間財団から資金を集めて、当時普及していたテレビ（年収5千ドルを下回る世帯においても90％以上が少なくとも1台はテレビを

所有していた）に着目して、就学前の子どもたちの教育に役立つような番組を制作しようと考えた。心理学や教育学の研究者、貧困地域のソーシャルワーカー、番組プロデューサー等と何度も議論を重ねて、テレビ番組の教育目標や教育内容を固めていった。

『セサミストリート』は「子どもたちに就学準備をさせる」ために、子どもの知覚的技能に重点を置きつつ、社会的、情緒的な発達にも配慮して番組が制作されることとなった。具体的には、①象徴的表象（文字、数、幾何図形のような基本的なシンボルを識別し、それらのシンボルを用いて基本的な操作ができる）、②認知過程（事物やできごとを、順序、分類、関係などの概念によって扱うことができる。ある種の基本的な推理技能を用いることができる。効果的に物事を探求したり問題を解決したりする助けになる、ある種の態度を身につけている）、③物理的環境（物理的世界に対する次のような概念を持つことができる。遠くあるいは近くの自然現象、自然界に働くいくつかの作用、様々な自然現象を結ぶある種の相互依存関係、それに人類が自然界を探求し利用する方法など）、④社会環境（自分自身やその他のなじみ深い個人を、役割によって定められた性格から識別することができる。遭遇する可能性のある機関の形や機能をよく知っている。状況を二つ以上の視点から見るようになり、いくつかの社会的ルール、とりわけ正義とフェア・プレーを保証するようなものの必要性を認識し始める）の四つを基礎に番組が制作されることとなった。

ここで一つ断っておきたいのは、『セサミストリート』は貧困層の子どもたちだけをターゲットにした番組ではなく、したがって、厳密な意味での「ヘッドスタート」プログラムではないということである。公共の放送網を

利用して放映されるテレビ番組であるから裕福な家庭の子どもも当然視聴することになる。クーニーたちは、『セサミストリート』を通して、富裕層と貧困層の子どもたちの学力格差が今以上に開かないことを最低限の効果としていた。

　もちろん、番組においては下町風の場面設定や登場人物に黒人やヒスパニックの大人や子どもを多数配するなど貧困地域のより望ましい姿が描かれるような配慮はされていた。同時に、貧困地域のソーシャルワーカー等の協力を得て、貧困地域の子どもたちが定期的に番組を視聴するように働きかけたり、幼児の兄・姉を巻き込むなどして家庭において確実に番組が視聴されるような工夫をすることで、特にこれらの地域において『セサミストリート』が有効に活用されるようにしたのである。

　『セサミストリート』は、子どもたちが楽しみながら学ぶことのできる番組として高い評価を得た。他方で、行動主義の学習理論にもとづくような反復等の手法を用いたこと、登場人物の人種構成等に対する批判や反発が生じることもあった。しかし、学習効果という点については、第三者機関に委託して実地した調査結果から、視聴の有無や程度によって、子どもたちの知覚的技能の獲得に有意な差が見られた。就学後においても番組を視聴した児童に教師が良い印象を持つ傾向が確認され、「子どもたちに就学準備をさせる」という目的は相当程度達成されたのである。

　なお、就学前教育の効果については、ミシガン州の非営利財団（High／Scope）の支援を受けて行われたPerry Pre-school Studyが有名である。この調査によれば、1960年代に就学前教育を受けた3、4歳児とそうした教育を受けなかった同年齢の子どもを40歳までの間追跡した結果、

5歳時点での就学準備、14歳時点での学校へのコミットメントや達成度、高等学校の卒業率、40歳時点での収入や犯罪率等を比較して、いずれも就学前教育を受けたグループが優れた成果を示している。この調査研究は、OECDの就学前教育に関する報告書（2006年）においても、就学前教育の重要性と投資効果を証明するものとして紹介されている。

演習問題

(1) 教育行政と児童福祉

　日本における少子化社会の現状と対策を調べ、生産年齢人口の推移と労働力確保の問題にも触れながら、小学校就学前の子どもに対してどのような施策が求められるかを考えてみよう。その上で、学童保育の問題についてのあなたの考えをまとめなさい。

(2) 幼児教育と家庭教育支援

　家庭や地域の教育力の低下が言われて久しいが、幼稚園や保育所において子育て相談や幼児理解の講座などの子育て支援が行われている。幼児教育では「親と子どもがともに育つ」ことを重視しているが、親が親として育っていくには、行政に対してどのような施策が求められるかを考えてみよう。

(3) 教育論

　脳科学の成果や私立小学校への入試対応などのため、幼児期からの早期教育を望む声がある。発達心理学や脳科学の学説をもとに子どもの発達段階について調べて、早期教育の是非についてあなたの考えをまとめなさい。

(4) 教育制度論

　幼児期の教育は人格形成に大きな役割を果たすのだから、幼児教育を義務教育化すべきであるとの意見がある。義務教育化した場合の課題について、学校制度と福祉制度の違い、国および地方の所管行政組織の違い、教育および保育の内容の違いなどを考慮して、あなたの考えをまとめなさい。

第4章———特別支援教育

　　教育を受ける権利は日本国憲法に規定された国民の権利である。また、教育における憲法とも言える教育基本法においても、「国及び地方公共団体は、障害のある者が、その障害の状態に応じ、十分な教育を受けられるよう、教育上必要な支援を講じなければならない」とされ、障害のある子どもの権利が保障されているところである。本章においては、障害のある子どもに対する教育である特別支援教育について述べることとする。

第1節　特別支援教育の理念と歴史

（1）特別支援教育の理念

　平成19年4月から制度としてスタートした特別支援教育は、障害のある子どもたちが自立し、社会参加するために必要な力を培うため、児童生徒等一人ひとりの教育的ニーズを把握し、その可能性を最大限に伸ばし、生活や学習上の困難を改善または克服するため、適切な指導および必要な支援を行うものである。
　このような特別支援教育は、特別支援学校のみならず、幼稚園、小学校、中学校、高等学校等の通常の学級に在籍する発達障害のある子どもを含めて、障害により特別な支援を必要とする子どもたちが在籍するすべての学校において実施されるものである。
　さらに、特別支援教育は、障害の有無やその他の個々の違いがある様々な人が生き生きと活躍できる共生社会の形成の基礎となるものであり、我が国の現在および将来の社会にとって重要な意味を持つものである。

（2）特別支援教育の歴史

特殊教育の変遷

　我が国の近代教育制度は、明治5年に公布された学制により創始されたが、特別支援教育の前身である特殊教育については、明治11年に開設された京都の盲唖院における教育をもって、その始まりとされており、以来130年の歳月が流れて今日にいたる。

当初は少数の篤志家の献身的な努力によって行われてきた特殊教育も次第に普及し、特に昭和22年に始まる現行の学校教育制度においては、盲学校、聾学校、養護学校および特殊学級が明確に位置づけられ、翌23年から盲学校および聾学校教育の義務制が実施された。また、養護学校についても着実に整備が図られ、昭和54年からは養護学校の義務制が実施されるにいたった。

　その後も、教育内容・方法の改善、学級編成・教職員定数の改善、養護学校高等部の整備、訪問教育の充実、通級による指導の制度化、認定就学制度の導入など特殊教育の改善・充実が図られてきた。

特殊教育から特別支援教育へ

　近年、障害のある児童生徒等に対する教育の推進にあたっては、以下のように、児童生徒等の障害の重度・重複化および多様化などが大きな課題であり、これらの課題に適切に対応する必要があった。

①児童生徒等の障害の重度・重複化

　従前は通学して教育を受けることが困難であった障害の重い児童生徒等の盲・聾・養護学校への受け入れが進み、これらの学校においてはこれまで以上に福祉、医療等の関係機関と密接に連携した対応が求められるようになった。

　また、盲・聾・養護学校の小学部または中学部に在籍する児童生徒のうち、複数の障害を併せ有している重複障害者を対象とする学級に在籍している者の割合が増加した（平成16年5月時点において43.3％（肢体不自由養護学校においては75.3％）。こうした重複障害に効果的に対応することが求められていた。

②児童生徒等の障害の多様化（LD等の児童生徒に対する対応の必要性）

　近年、医学や心理学等の進展、社会におけるノーマライゼーションの理念の浸透などにより障害の概念や範囲も変化があった。

　平成14年に文部科学省が実施した全国実態調査では、小学校または中学校の通常の学級に在籍している児童生徒のうち、LDやADHD（※1）などにより、学習面または生活面で特別な教育的支援を必要とすると考えられる者が約6.3％程度の割合で存在する可能性が示された。

　また、障害者の社会への参加、参画に向けた施策の一層の推進を図るために

平成14年12月に閣議決定された「障害者基本計画」においても、障害者関連施策の基本的な方向を盛り込まれたが、教育分野についても上記の課題に関連した今後の施策の方向性として以下の内容が盛り込まれた。
①LD、ADHD、自閉症などについて教育的支援を行うなど教育・療育に特別のニーズのある子どもについて適切に対応する。
②近年の障害の重度・重複化や多様化の状況をふまえ、教育・療育機関の機能の充実を図り、地域や障害のある子どもの多様なニーズにこたえる地域の教育・療育のセンターとしての役割を担うための体制整備を図る。
③盲・聾・養護学校については、地域の障害のある子どもの教育のセンター的な役割を果たす学校へ転換を図る。
④児童生徒等の障害の重度・重複化、多様化等をふまえ、そのニーズに応じた教育の効果的な実施を確保するため、現在盲・聾・養護学校の学校ごとに特定されている特殊教育にかかわる免許制度の改善を図る。

この他、長年法制度の谷間となっていた発達障害の定義や支援を行うために平成16年に発達障害者支援法が制定された。国および地方公共団体は、LD、ADHDなどを含む発達障害児が十分な教育を受けられるようにするため、適

※1 LD（Learning Disabilities（学習障害））：基本的には全般的な知的発達に遅れはないが、聞く、話す、読む、書く、計算する、推論する能力のうち、特定のものの習得と使用に著しい困難を示す様々な状態を指すものである。その原因としては、中枢神経系に何らかの機能障害があると推定されるが、視覚障害、聴覚障害、知的障害、情緒障害などの障害や、環境的な要因が直接の原因となるものではない。
ADHD（Attention-Deficit / Hyperactivity Disorder（注意欠陥多動性障害））：年齢あるいは発達に不釣合いな注意力、衝動性、多動性を特徴とする行動の障害で、社会的な活動や学業の機能に支障をきたすものである。一般に7歳以前に現れ、その状態が継続するもので、中枢神経系に何らかの要因による機能不全があると推定される。

切な教育的支援等を講ずることとされた。

　こうした状況をふまえ、中央教育審議会答申「新しい時代の義務教育を創造する」（平成17年10月）においては、「障害の種別ごとの盲・聾・養護学校を、障害の重度・重複化に対応し、小中学校等を支援するセンター的機能を持つ特別支援学校に転換すること、また、小中学校等において、特別支援教育の体制を整備し、LD、ADHD等の児童生徒への支援を充実することが必要である」との提言がなされた。

　さらに、これに続く同年12月の中央教育審議会答申「特別支援教育を推進するための制度の在り方について」においても特別支援教育に関する同様の提言が行われた。

　これまで「特殊教育」は、障害のある児童生徒等の教育について、障害の種別ごとの固定的な特別な場を設定してその欠陥を補い手厚くきめ細かな教育を行うという考え方をとっていた。しかし、同答申においてはLD、ADHDなどを含む障害のある児童生徒等一人ひとりの教育的ニーズを十分に把握した上で弾力的に教育の場を用意し、生活や学習上の困難を克服するための適切な指導や必要な支援を行うという考え方（「特別支援教育」）に転換すべき旨が提言された。

　これを受けて、平成18年の学校教育法等の一部改正により、障害のある児童生徒等の教育について、従来の「特殊教育」から「特別支援教育」への転換が図られた。その主な内容は以下のとおりである。

①盲・聾・養護学校の制度を廃止し特別支援学校制度に一本化

　児童生徒等の障害の重複化に対応し適切な教育を行うため、児童生徒等の障害の種類に応じた学校として学校教育法において定められていた盲・聾・養護学校の制度を廃止し、障害の種別を超えた学校である特別支援学校の制度に一本化した。

　これにより、各設置者においては、様々な障害のある児童生徒等に対する教育について、自らの判断にもとづき、これまで以上に弾力的な形態により効果的な教育活動を行うことが可能となった（学校教育法第72条）。

②特別支援学校のセンター的機能としての役割

　小中学校等においてLD、ADHDなどを含む障害のある在籍児童生徒等に対

する教育活動を効果的に行うことが必要である。そのため特別支援学校は小中学校等の要請に応じて、小中学校等に在籍するLD、ADHDなどを含む障害のある児童生徒等の教育について専門的な助言または援助を行うよう努めるものとされた（学校教育法第74条）。

③小中学校等における特別支援教育の推進

従来「特殊教育」においては、小中学校等については特殊学級にかかわる規定のみが定められていた。しかし、LD、ADHDなどを含む児童生徒の障害の多様化の状況をふまえ、小中学校等においても、実際には障害のある児童生徒等に対する配慮などの必要な措置を講じてきた。そこで、小中学校等において、特別支援学級および通常の学級に在籍するLD、ADHDなどを含む障害のある児童生徒等に対して適切な教育を行うことを学校教育法に新たに規定することとした（学校教育法第81条第1項）。

以上が、平成18年の学校教育法等の一部改正の主な内容であるが、このような経緯を経て、平成19年度から新たに特別支援教育が制度としてスタートしたのである。

学校教育法の一部改正をふまえ文部科学省は、平成19年4月に「特別支援教育の推進について」通知し、特別支援教育の理念や学校長の責務などを示した。

その中で各学校は校内委員会の設置、実態把握の実施、特別支援教育コーディネーターを指名し、個別の教育支援計画や指導計画の作成・活用、教職員研修の実施等を行うように求めている（※2）。

こうした取り組みは、先に定められた障害者基本計画にもとづく重点施策実施5か年計画（平成12年12月障害者施策推進本部決定）、教育振興基本計画（平成20年7月閣議決定）等をも基本方針として、障害のある子どもたち一人ひとりの教育的ニーズに応じた適切な教育を行うという理念のもと、その推進が図られている。

第2節　特別支援教育の現状と諸問題等

(1) 特別支援教育の現状

　障害のある児童生徒等については、その能力や可能性を最大限に伸ばし、自立し、社会参加するために必要な力を培うため、一人ひとりの障害の状態などに応じ、特別な配慮のもとに適切な教育を行う必要がある。このため、障害の状態に応じて特別支援学校や小中学校の特別支援学級、あるいは通級による指導がなされている。
　専門的な知識・経験のある教職員により特別の教育課程、少人数の学級編制、

特別支援教育の場

■特別支援学校	■特別支援学級	■通級による指導
障害の程度が比較的重い子どもを対象として専門性の高い教育を行う学校であり、幼稚園から高等学校に相当する年齢段階の教育を、特別支援学校のそれぞれ幼稚部、小学部、中学部、高等部で行う。視覚障害、聴覚障害、知的障害、肢体不自由、病弱・身体虚弱のある子どもを対象とする。	障害の比較的軽い子どものために、小中学校等に障害の種別ごとに置かれる少人数の学級。知的障害、肢体不自由、病弱・身体虚弱、弱視、難聴、言語障害、自閉症・情緒障害の学級がある。	小中学校等の通常の学級に在籍し、比較的軽度の言語障害、情緒障害、弱視、難聴などの子どもを対象として、主として各教科などの指導を通常の学級で行いながら、障害にもとづく種々の困難の改善・克服に必要な特別の指導を特別の場で行う。平成5年から行われ、平成18年度からは、LD、ADHDの子供の対象に位置づけられた。

特別な配慮のもとに作成された教科書、障害に配慮した施設・設備などを活用して指導が行われている。

　さらに通常の学級においては、通級による指導の他、習熟度別指導や少人数指導などの障害に配慮した指導方法、特別支援教育支援員（※3）の活用など一人ひとりの教育的ニーズに応じた教育が行われている。
　平成20年5月1日現在、義務教育段階において特別支援学校や小中学校の特別支援学級に在籍している児童生徒および通級による指導を受けている児童生徒の総数は約23万4千人である。これは、同じ年齢段階にある児童生徒全体の約2.17％に当たる。

※2　校内委員会：学校内に置かれた発達障害を含む障害のある幼児児童生徒の実態把握および支援のあり方等について検討を行う委員会。
　　特別支援教育コーディネーター：学校内の関係者や福祉・医療等の関係機関との連絡調整および保護者に対する学校の窓口として、校内における特別支援教育に関するコーディネーター的な役割を担う者。
　　個別の教育支援計画：障害のある幼児児童生徒一人ひとりのニーズを正確に把握し、教育の視点から適切に対応していくという考え方のもとに、福祉、医療、労働等の関係機関との連携を図りつつ、乳幼児期から学校卒業後までの長期的な視点に立って、一貫して的確な教育的支援を行うために、障害のある幼児児童生徒一人ひとりについて策定した支援。
　　個別の指導計画：幼児児童生徒一人ひとりの障害の状態等に応じたきめ細かな指導が行えるよう、学校における教育課程や指導計画、当該幼児児童生徒の個別の教育支援計画等をふまえて、より具体的に幼児児童生徒一人ひとりの教育的ニーズに対応して、指導目標や指導内容・方法等を盛り込んだ指導計画。
※3　特別支援教育支援員：小中学校等において障害のある児童生徒に対し、食事、排泄、教室移動補助など学校における日常生活動作の介助を行ったり、発達障害の児童生徒に対し学習活動上のサポートを行ったりする者。

特別支援教育の対象（義務教育段階の児童生徒数1079万人）

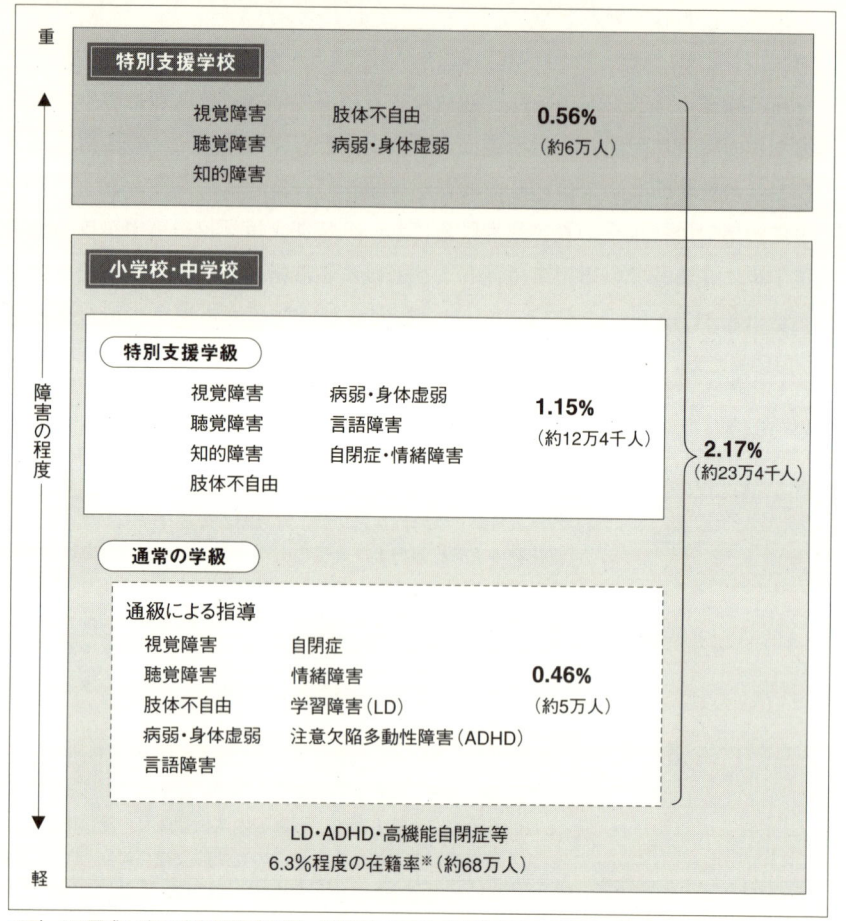

```
重
↑
│   ┌─────────────────────────────────────────────────┐
│   │ 特別支援学校                                        │
│   │   視覚障害      肢体不自由       0.56%               │
│   │   聴覚障害      病弱・身体虚弱    （約6万人）          │
│   │   知的障害                                          │
│   └─────────────────────────────────────────────────┘
障
害  ┌─────────────────────────────────────────────────┐
の  │ 小学校・中学校                                       │
程  │  ┌──────────────────────────────────────────┐   │
度  │  │ 特別支援学級                                  │   │
│   │  │   視覚障害    病弱・身体虚弱    1.15%         │   │  2.17%
│   │  │   聴覚障害    言語障害         （約12万4千人）  │   │  （約23万4千人）
│   │  │   知的障害    自閉症・情緒障害                 │   │
│   │  │   肢体不自由                                 │   │
│   │  └──────────────────────────────────────────┘   │
│   │  ┌ 通常の学級 ────────────────────────────────┐  │
│   │  │  通級による指導                              │  │
│   │  │    視覚障害    自閉症           0.46%        │  │
│   │  │    聴覚障害    情緒障害         （約5万人）    │  │
│   │  │    肢体不自由  学習障害（LD）                 │  │
│   │  │    病弱・身体虚弱 注意欠陥多動性障害（ADHD）   │  │
│   │  │    言語障害                                 │  │
│   │  └────────────────────────────────────────────┘  │
↓   │        LD・ADHD・高機能自閉症等                      │
軽   │        6.3％程度の在籍率※（約68万人）                  │
    └─────────────────────────────────────────────────┘
```

※データは平成14年に文部科学省が行った調査における、学級担任を含む複数の教員により判断された回答にもとづくもので、医師の診断によるものではない。この数値を除いた他の数値は平成20年度5月1日現在のもの。

　また、近年、社会全体として少子化が進む中、特別支援学校や特別支援学級に在籍する児童生徒が増加する傾向にある。通級による指導の対象となる児童生徒についても増加しており、このような現状に対応するため、特別支援教育に携わる教員数の増を含め、特別支援教育のさらなる充実が求められる。

特別支援学校（幼稚部、小学部、中学部、高等部）在籍者数の推移

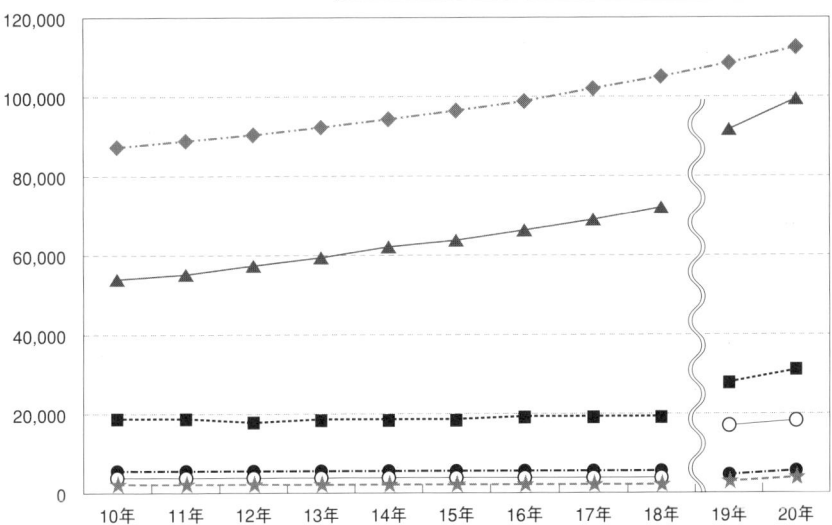

※数値は平成20年5月1日現在。
※平成18年度までの数値は、盲学校、聾学校、養護学校（知・肢・病）の5種の学校の在籍者数を合計。その合計が特殊教育諸学校の合計となる。平成19年度以降は複数の障害種に対応できる特別支援学校制度へ転換したため、幼児児童生徒の障害種を学級編成により集計。重複障害学級在籍者については、それぞれ障害種に重複してカウントしているため、各障害種の数値の合計は特別支援学校の合計とは一致しない。

（2）就学指導をめぐる諸問題

認定就学制度

　特別支援教育をめぐっては、就学する学校についても問題となる。障害のある児童生徒が就学する学校は、かつては障害の種類および程度を表す就学基準（学校教育法施行令第22条の3）に該当する場合は、特別支援学校（旧盲・聾・養護学校）に就学することとされていた。

　しかし、就学基準に該当する障害のある児童生徒でも小中学校への就学が可

能な場合も生じてきた。それは、通常学校への就学を強く希望する児童生徒や保護者のニーズがあったことが上げられるが、これに加えエレベータ整備などバリアフリーの進展や障害に対応して学習活動をサポートする学習機器の開発等による。

　こうした状況をふまえ、平成15年度より就学基準に該当する場合でも、市町村の教育委員会が当該市町村の設置する小中学校において、適切な教育を受け

通級による指導対象児童生徒数の推移

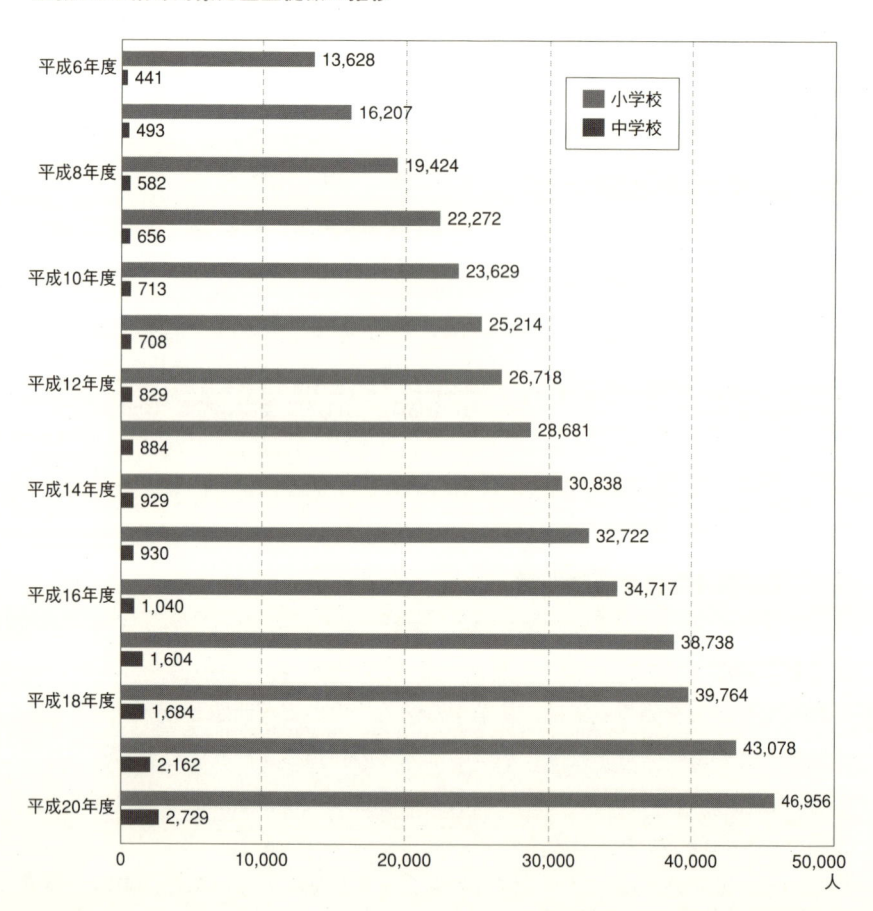

年度	小学校	中学校
平成6年度	13,628	441
	16,207	493
平成8年度	19,424	582
	22,272	656
平成10年度	23,629	713
	25,214	708
平成12年度	26,718	829
	28,681	884
平成14年度	30,838	929
	32,722	930
平成16年度	34,717	1,040
	38,738	1,604
平成18年度	39,764	1,684
	43,078	2,162
平成20年度	46,956	2,729

ることができる特別の事情があると認める者については、小中学校に就学させる「認定就学制度」が実施された（平成14年学校教育法施行令一部改正）。この制度により小中学校に就学する子ども（認定就学者）は年々増加傾向にある。

なお、就学指導に関しては、①これまで硬直的であった就学基準について、医学や科学技術の進歩等をふまえ、医学、教育学の観点から弾力化、②就学にあたり、市町村教育委員会に対して専門家の意見聴取を義務づけなどの改善を行った（平成14年学校教育法施行令一部改正）。

また、障害のある子どもの就学に際して、日常生活上の状況をよく把握している保護者の意見を聴取することにより、当該児童の教育的ニーズを的確に把握できることが期待されることなどから、市町村教育委員会に対して保護者か

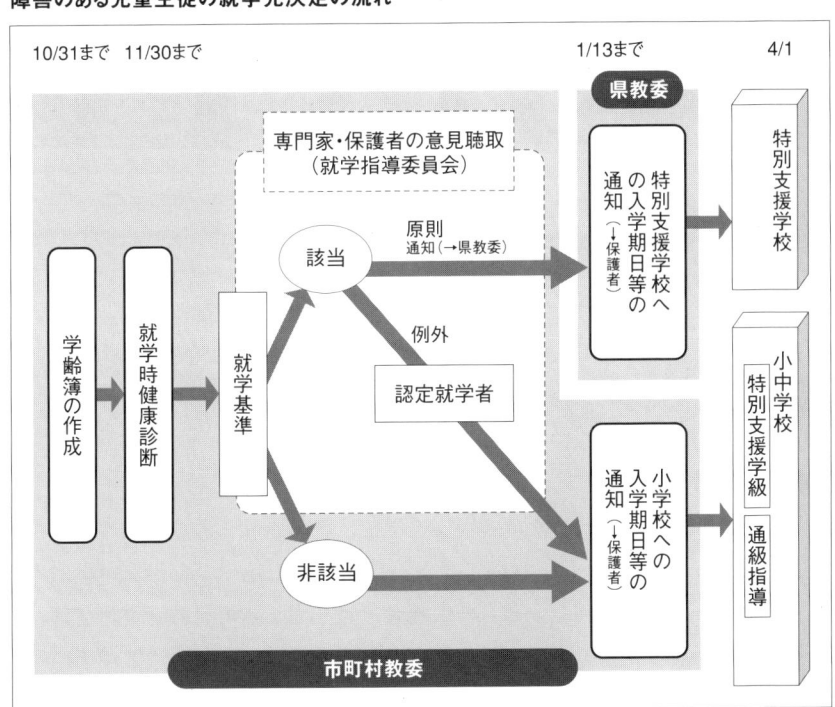

障害のある児童生徒の就学先決定の流れ

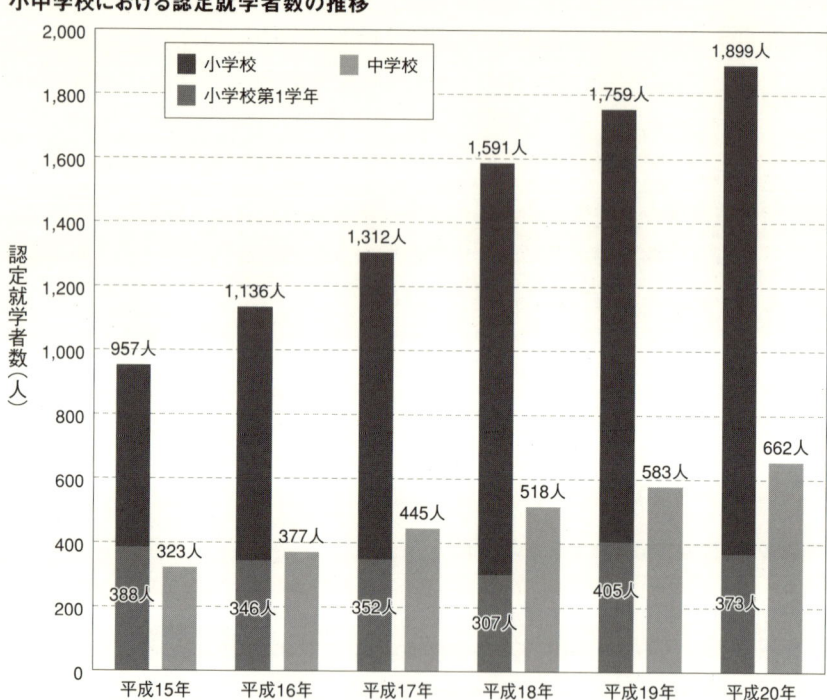

小中学校における認定就学者数の推移

年	小学校	中学校	小学校第1学年
平成15年	957人	323人	388人
平成16年	1,136人	377人	346人
平成17年	1,312人	445人	352人
平成18年	1,591人	518人	307人
平成19年	1,759人	583人	405人
平成20年	1,899人	662人	373人

※データは各年5月1日現在。

らの意見聴取を義務づけた（平成19年学校教育法施行令一部改正）。

　このように、近年国においては就学指導に関する見直しを実施しているが、これらは後述するインクルーシブ教育の流れにも沿うものと考えられる。

就学義務の猶予・免除

　保護者は子に小中学校または特別支援学校に就学させる義務を負う（学校教育法第16、17条）。しかし、病弱、発育不完全、その他やむを得ない事由のため、就学困難と認められる子どもの保護者に対して、市町村教育委員会は、子どもを就学させる義務を猶予または免除することができる（同法第18条）。

　この場合、病弱、発育不完全とは、特別支援学校における教育に耐えること

ができない程度のものであることを要する。

　このような就学猶予・免除者の数は、昭和54年の養護学校教育の義務制実施を境に大きく変化した。障害を理由とする就学猶予・免除者は、昭和47年度は約1万8千人、53年度は約9千人だったが、54年度は約2,600人となり、以後着実に減少を続け、平成19年度は77人となっている（文部科学省調査）。

　このように養護学校の義務化は、いわゆる統合教育を主張する立場からは、分離教育、すなわち通常学校からの障害児排除であるとの批判も見受けられた。しかし、それまで就学免除・猶予の対象となっていた障害のある子どもの義務教育を保障したという意味において、大きな意義のあるものであった。

(3) 特別支援教育をめぐる国際的な動向

　近年のノーマライゼーションの理念の普及を背景として、障害者施策をめぐる状況は、国際的に見ても大きく変化している。

　平成6年にスペインのサラマンカで開催された「特別なニーズ教育に関する世界会議」において採択された「サラマンカ宣言」は、障害のある子どもを含めた特別な教育的ニーズを有する子どもに対する統合教育の必要性を提唱している。

　また、宣言とあわせて採択された「特別なニーズ教育に関する行動の枠組み」においては、①可能な限り、親による子どもの教育形態の選択が認められるべきこと、②比較的少数の障害のある子どもにとっては、特殊学校や特殊学級が最も適切な教育を引き続き提供するであろうとされている。

　宣言は、各国に対して法的拘束力を有するものではないが、我が国において特別支援教育を推進する上でも大きな意味を有する。

　さらに、平成18年12月に国連で採択された「障害者の権利に関する条約」は、現在、政府において批准に向けた検討が進められている。

　教育分野においては、同条約が求める「インクルーシブ・エデュケーション・システム」や「合理的配慮の提供」との関係が論点の一つとなっている。

　このように、世界各国において教育のインテグレーションやインクルージョ

ンの理念を推進する取り組みが進められているが、各国の制度や歴史、文化などにより、インテグレーションやインクルージョンの理念をふまえた特別支援教育の対象や支援の方法は様々である。

障害者支援・教育の概念

■**ノーマライゼーション**
障害のある者も障害のない者も同じように社会の一員として社会活動に参加し、自立して生活することのできる社会を目指すという理念。

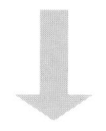

■**インテグレーション**
特別な学校を通常の学校と別に置くこととする分離教育と異なり、障害のある子どもを障害のない子どもと一緒に学ぶことに価値を置く考え方。

■**インクルージョン**
インテグレーションの考え方を発展させ、単に場を同じくするのみならず、障害のある子どもに対応することができる物理的および社会的環境を整備した上で、障害の有無にかかわらず、すべての子どもが一緒に学ぶことができるよう必要な措置を求める考え方。

■**統合教育**
我が国で一般的に使われる統合教育とは、当初インテグレーションの訳語であったが、今日ではインクルージョンの意味合いを含むものとして使用されることが多い。

我が国においても、近年の国際的な動向や社会のノーマライゼーションの進展等をふまえ、インクルージョンの流れに沿って次のような取り組みがなされている。
①盲・聾・養護学校の学習指導要領に交流活動を盛り込み（昭和46年）
②養護学校義務化に併せて交流教育を一層推進（昭和54年）
③通級による指導の導入（平成5年）
④小中学校の学習指導要領に交流活動の促進を盛り込み（平成11年）

⑤就学基準の弾力化や認定就学制度の導入（平成14年）
⑥障害者基本法の改正において交流および共同学習の積極的推進の位置づけ（平成16年）
⑦就学指導にあたり保護者の意見聴取を義務づけ（平成18年）
⑧特別支援教育の新体制スタート（平成19年）

　その他通級による指導の実施のための教員加配、各学校における特別支援教育支援員の配置など各種の取り組みを行っている。
　今後、このようなインクルージョンの流れを促進させることが求められるが、その際、障害のある児童生徒と障害のない児童生徒について、単なる場の統合ではなく、教育の質の維持・向上を伴う形でのインクルーシブ教育を実現することが重要である。
　現在、障害者権利条約の批准にあたり、特に障害の程度を定める就学基準に該当する児童生徒は原則として特別支援学校に就学する現行の就学制度のあり方について議論されている。
　これについては、本人や保護者の選択権を認めるべきとの意見がある一方、本人にとって真に必要なニーズと保護者の意向は異なる場合があり、そのような場合にまで保護者の選択権を認めることは教育放棄でもあるとの声もある。いずれにせよ、障害児教育の専門的機関としての特別支援学校の存在意義を含め、本人にとって将来の自立や社会参加に向けて適切な教育を受ける機会を確保できることが望まれる。
　なお、このようなインクルーシブ教育を進めるためには、通常学校における教員配置や施設のバリアフリー化、さらには教材等の充実など、特別支援教育に対するさらなる人的・物的体制の整備が必要であることは言うまでもない。

第3節　特別支援教育の今後の課題

(1) 特別支援教育推進体制の整備

　特別支援教育の推進体制については、文部科学省が全国の各学校を対象として調査を実施している。それによれば、①全体として体制整備が進んできていること、②公立小中学校では基礎的な体制整備は整備されてきたものの、「個別の教育支援計画」等の作成・活用や、校内委員会、コーディネーター等の質的な充実・向上が課題であること、③教員研修の一層の促進の必要があること、④幼稚園、高等学校の体制整備の遅れが見受けられ、特に高等学校の地域差が大きいこと、などが明らかになっている。今後これらの課題への対応が求められる。

　特に、高等学校においても発達障害などにより困難を抱える生徒が在籍している。また、中学校において特別支援学級に在籍していた生徒が特別支援学校高等部（高等特別支援学校）に入学できずに、高等学校に入学する場合があることも指摘されている。
　そこで、高等学校においても小中学校と同様に特別支援学級や通級による指導の制度化を求める声もある。しかし、そのためにも高等学校は義務教育ではなく入学者選抜試験があることや、いわゆる高校適格者主義との関係についての制度上の検討が必要である。

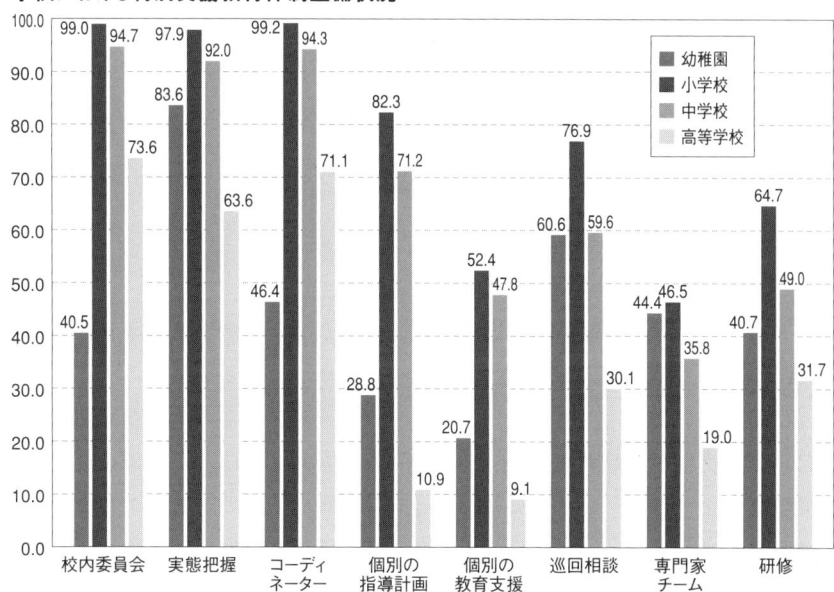

学校における特別支援教育体制整備状況

項目	幼稚園	小学校	中学校	高等学校
校内委員会	40.5	99.0	94.7	73.6
実態把握	83.6	97.9	92.0	63.6
コーディネーター	46.4	99.2	94.3	71.1
個別の指導計画	28.8	82.3	71.2	10.9
個別の教育支援計画	20.7	52.4	47.8	9.1
巡回相談	60.6	76.9	59.6	30.1
専門家チーム	44.4	46.5	35.8	19.0
研修	40.7	64.7	49.0	31.7

※データは文部科学省「平成20年度特別支援教育体制整備状況調査」から。

(2) 教員の専門性の向上

「教育は人なり」という言葉があるように、良い教育を行うためには優れた教員が不可欠である。特別支援教育がスタートしたことにより、特別支援学校はセンター的機能としての役割が求められるようになった。

さらに障害の重度・重複化、多様化に適切に対応するため特別支援学校教員の専門性が一層求められる。平成19年度の特別支援学校教諭の特別支援学校教諭免許状および自立教科等免許状の保有率は、あわせて68.3％（文部科学省調査）であり、これを高めるための取り組みが必要である。

また、先の学校教育法改正においては、通常の学校においてもLDやADHDを含む障害のある児童生徒等に対して適切に教育を行うことが規定された。特別支援学校や特別支援学級の教員のみならず、すべての教員が特別支援教育に

ついての基本的な知識・技能を身につけておくことが求められる。

これと同時に、教員の多忙化が指摘されて久しいが、学校において特別支援教育を推進するためには、特別支援教育コーディネーターの負担軽減や教員配置の充実を含めて体制整備の充実を図ることが求められるだろう。

(3) 特別支援教室構想

平成17年12月の中央教育審議会答申は、いわゆる「特別支援教室」構想（障害のある児童生徒が原則として通常の学級に在籍し、必要な時間に特別の指導を受けることを内容とするもの）についても提言した。このような特別支援教室は、インクルーシブ教育の理念に沿うものとも考えられるが、現行の特別支援学級を廃止することに対しては、固定式の学級の機能の維持を求める声にどのように対応するか、特別支援学級がなくなることに伴う必要な教員配置をどのように行うかなどの課題が残されている。

(4) その他の課題

「一人ひとりの教育的ニーズ」に応じた特別支援教育の考え方は、教育の原点でもあり、学校全体で取り組むべき課題である。特別支援教育に関しては、これまで述べてきた課題の他、「個別の教育支援計画」の作成・活用を通じた幼児期から学校卒業後までの一貫した支援のあり方、障害のある児童生徒等の自立と社会参加に向けた就労支援のあり方など、なお多くの課題が存在する。そして、これらの課題を検討するにあたっては、教育行政のみならず福祉行政や労働行政との連携が不可欠であることは言うまでもない。今後さらなる特別支援教育の充実が期待される。

演習問題

(1) 障害のある子どもが就学する学校については、本人や保護者に選択権を認めるべきであるとの考え方について、特別支援学校の存在意義も含めてどのように考えるか。

(2) 現在、大学や高校入試においては障害のある子どもに対する入試上の配慮（問題用紙の拡大や別室受験など）が実施されている例があるが、特に知的障害のある子どもに対して特別の配慮を認めるべきとの意見があることについてどのように考えるか。

第5章───教科書

「教育課程」と密接に関連し、これにもとづき児童生徒の学習を効果的に進める上で不可欠な主たる教材である教科書について、その歴史的沿革、現行制度の主要事項を取り上げた。また、学習の一定の水準を維持、確保するための教科書の内容を担保する教科書検定制度について詳述する。なお、憲法および教育基本法の解釈をめぐる教育権論争の場を提供した「家永教科書訴訟」についても、本章における特筆すべきものとしてその要点を解説する。

第1節　教科書制度の歴史的沿革と現行制度

(1) 教科書の意義、種類

意義

　教科書は、小学校、中学校、中等教育学校、高等学校および特別支援学校において、教育課程の構成に応じて組織配列された教科の主たる教材であり、児童生徒が学習を進める上で重要な役割を果たしている。

　ちなみに、学校教育法（昭和22年3月制定）より1年あまり遅れて成立した「教科書の発行に関する臨時措置法」は、教科書を次のように定義している。「『教科書』とは、小学校、中学校、高等学校、中等教育学校及びこれらに準ずる学校において、教科課程の構成に応じて組織排列された教科の主たる教材として、教授の用に供せられる児童又は生徒用図書であって、文部科学大臣の検定を経たもの又は文部科学省が著作の名義を有するものをいう」（第2条第1項）。

使用義務

　学校教育法は「小学校においては、文部科学大臣の検定を経た教科用図書又は文部科学省が著作の名義を有する教科用図書を使用しなければならない」（34条。中学校は49条、高校は62条、中等教育学校は70条、特別支援学校は82条で各々小学校の規定を同じ趣旨で準用している）と規定している。教育の機会均等を実質的に保障し、全国的な教育水準の維持向上を図るため、教科書は教科の主たる教材として位置づけられ、かつ、すべての学校において教科書を使用することが義務づけられている。

　すなわち、我が国の学校教育の法制度では、各学校が編成する教育課程の基準として文部科学省が学習指導要領を定め、教科書はこの学習指導要領に示さ

133

れた教科・科目の内容等に応じて作成される。各学校では、学習指導を展開するにあたり教科書を主たる教材として用いなければならないこととなる。各学校においては教科書を中心に、教員の創意工夫により適切な教材を活用しながら学習指導を展開することが求められている。

種類

現在、各学校で使用されている教科書はそのほとんどが民間の教科書発行者において著作・編集され、文部科学大臣の検定を経て発行される「文部科学省検定済教科書」で、現在発行されている全教科書の80％以上を占めている。

この他、職業系教科の一部や特別支援学校用教科書で、需要数が少なく民間による発行が期待できないことから文部科学省において著作編集された「文部科学省著作教科書」がある。

また、高等学校、特別支援学校、特別支援学級において適切な教科書がないなど特別の場合には上記以外の図書の使用が許されている。法律上は「学校教育法附則9条（※1）に基づく教科書」（いわゆる「附則9条本」）と称される。

（2）教科書の歴史的沿革

学校教育において用いられる教科用図書は、字義どおり近代公教育が発足した明治以降に学校において主たる教材として用いられた図書であるが、それ以前の寺子屋、藩校の教材も含めて教科書の歴史をひもといてみる。

江戸時代以前の教材

近世の学校の発端は室町時

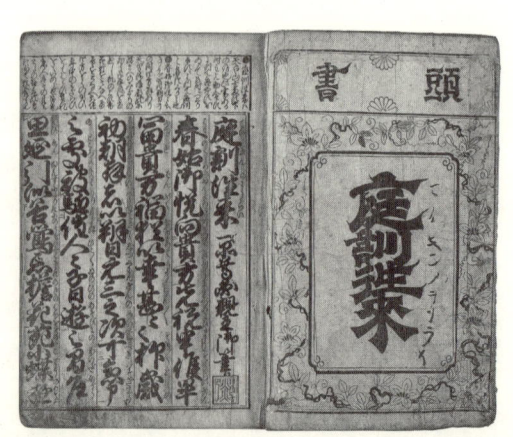

『庭訓往来』元禄6（1693）年、木下甚右衛門版、印刷博物館所蔵

代に認められるが、江戸時代に発達し、近世学校の体制がつくられた。幕府の昌平坂学問所、各藩の藩校、学者の家塾、数万を数えた寺子屋などにより世界的にも稀な識字率を示していたとされる。教材としては、四書五経などの漢学や国学などの書物、幕末には洋学や西洋医学の洋書、あるいは往来物（※2）などが存在していた。それらを用いて、講書あるいは文字の手習、また算盤を用いての計算の学習をしていたようである。

明治から戦前までの変遷

明治5年8月3日に太政官の布告をもって「学制」が発布され、我が国における近代学校制度の幕明けとなった。小学校では、学制発布当初は江戸時代を通じて用いられてきた伝統的教科書も使用されたが、文部省が教科書の編集をはじめ、欧米の教科書を翻訳してこれを全国に普及させる方策がとられた。小学読本、

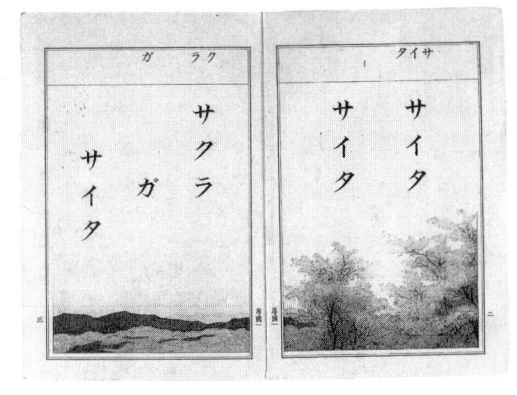

国定教科書『小学国語読本』昭和7（1932）年、文部省、印刷博物館所蔵

※1 学校教育法附則9条：高等学校、中等教育学校の後期課程及び特別支援学校並びに特別支援学級においては、当分の間、第34条第1項（49、62、70条、第1項及び82条において準用する場合を含む）の規定にかかわらず、文部科学大臣の定めるところにより、第34条1項に規定する教科用図書を使用することができる。

※2 往来物は、最初は往復の手紙文を集めたもので、その後様々な内容の教材がその中に盛りこまれ、さらにこれが分化し、独立して各種の往来物が生まれている。源は平安時代末期にまでさかのぼるが、中世においては主として武家の教科書、近世になると活版印刷の発達に伴い、庶民の教科書として普及していた。

地理、歴史などの文部省出版の教科書が創始期の小学校における重要な教科内容となっていた。この時代には翻訳教科書、掛図、机、椅子、黒板による一斉授業が行われていた。

明治20年代初めの憲法発布以降、「学制」によって出発した学校制度は全般にわたり改革が行われ、同30年代を経て近代学校として安定した体系（小学校・中学校・大学・師範学校）が整えられていった。

小学校では教育内容の基準として簡単な「学級其程度」が示されたが、教育内容の実質は教科書にあるとみて教科書について検定制度をとることとなり、25年ごろから多数の検定教科書が刊行された。しかしながら、20年代後半には、教科書の内容に批判的意見が出され、また、35年になって検定教科書の選択に関して贈収賄問題が生じた。ここにおいて小学校教科書は国定とすることが決定され、戦後の教育改革まで続けられる方策となった。大正7年からの「ハト　マメ　マス」、昭和8年からの「サイタ　サイタ　サクラ　ガ　サイタ」などの国語読本が有名である。

中学校については、各教科の教授要目によって教育内容の項目を定める方針をとり、教科書はこれを基準として戦時中まで検定制度のもとに著作されていた。

戦時下の教科書

昭和12年の日華事変後は戦時体制下の教育となり、16年に小学校は国民学校となり、皇国民の基礎的錬成の目標のもと、国民学校教科書は戦争遂行の目的に合った教材やアジア諸国の風物や生活に関係した教材が取り入れられていった。

中学校も国民学校と同様の方針で教科目の改編が行われた。教科書については修身、公民、歴史など思想形成上重要な教科書は文部省で著作するよう答申が出された。さらに物資が不足し、教科書用紙の供給も困難となったことにより、教科書はすべてが国定制となった。これによって教科書の内容が国によって統一されることになった。

戦後は学校教育法のもと、一貫して文部省による検定制度がとられ、検定済教科書を中心に多彩な教材が用いられている。

(3) 諸外国の教科書制度

教科書に対する国の関与のあり方は国によって異なっている。主な国では、国定は中国、韓国に限られており、中国は1980年代後半から各地方、個人も教科書を作成できるようになり、国定と検定が併用されている。検定はドイツ、ノルウェー、日本でとられている。教科書無償制度は中国を除き各国で採用されており、義務教育無償の精神を実現し、同時に保護者負担を軽減する効果を持っている。

主な国の教科書制度

国名	小学校段階(初等教育)				中・高等学校段階(中等教育)			
	政府の関与の別			無償制度	政府の関与の別			無償制度
	国定	検定	認定		国定	検定	認定	
イギリス				○				○
ドイツ		○		○		○		○
フランス			○	○				○(*1)
ノルウェー		○		○		○		○(*1)
アメリカ			○(*2)	○			○(*2)	○
中国	○	○(*3)			○	○(*3)		
韓国	○			○	○(*4)	○		
日本		○		○		○		○(*1)

※財団法人教科書研究センターの調査研究報告(平成12年3月)より作成。
*1 中学校段階(中等教育前期過程)のみ。
*2 州により異なる。
*3 1980年代の前半までは国定教科書のみであったが、教育部の検定を受ければ、各地方、個人も教科書を作成できるようになった。
*4 国語、社会、道徳の教科書のみ。

第2節　教科書の検定

(1) 検定制度

　我が国で教科書検定制度が採用されている趣旨は、教科書の著作・編集を民間の発行者に委ねることにより、著作者・編集者の創意工夫が教科書に生かされることを期待することにある。同時に、文部科学大臣が検定を行うことにより客観的かつ公正であって、適切な教育的配慮がなされた教科書を確保するためである。

　戦時下、国定教科書により内容が画一化し、中立性が損なわれた時代への反省から、検定制度が採用されている。検定の趣旨が生きるためには一定数の教科書発行者の確保が必要となる。

　検定は、民間の著作者、教科書会社が著作・編集した図書を文部科学大臣の諮問機関である教科用図書検定調査審議会の専門的な審議を経て、教科用図書として適切かどうかを決定する行政行為である。法律的には、学校教育法34条などに法的根拠を有しており、行政行為の類型では「特許」にあたる。

(2) 検定の手続き──検定規則

　教科書検定にかかわる手続きは「教科用図書検定規則」（文部科学省令）に規定されている。通例は4月に教科書会社から文部科学省に検定の申請が行われる。教科書調査官の事前調査、審議会委員による調査を経て、夏から秋にかけて審議会の教科ごとの部会で調査審議が重ねられ、秋ごろに検定審議会の決定が行われる。

その結果、教科書調査官から不合格または修正を求める検定意見の伝達が、教科書の執筆者、編集者になされる。不合格の場合は改めて再申請が可能である。合格の可能性のある場合には、検定意見の伝達が行われ、検定意見の趣旨をふまえて必要な修正が行われ、審議される。これらの手続きを経て、年度末の3月頃に検定合格となる。そして、3月下旬から4月上旬にかけて、検定結果について申請原稿の記述、検定意見、修正後の記述および審議会委員名や教科書調査官名などの公表が行われる。
　これまでに何度か検定制度の透明性を高める工夫が重ねられ、現行の制度にいたっている。

教科書検定の流れ

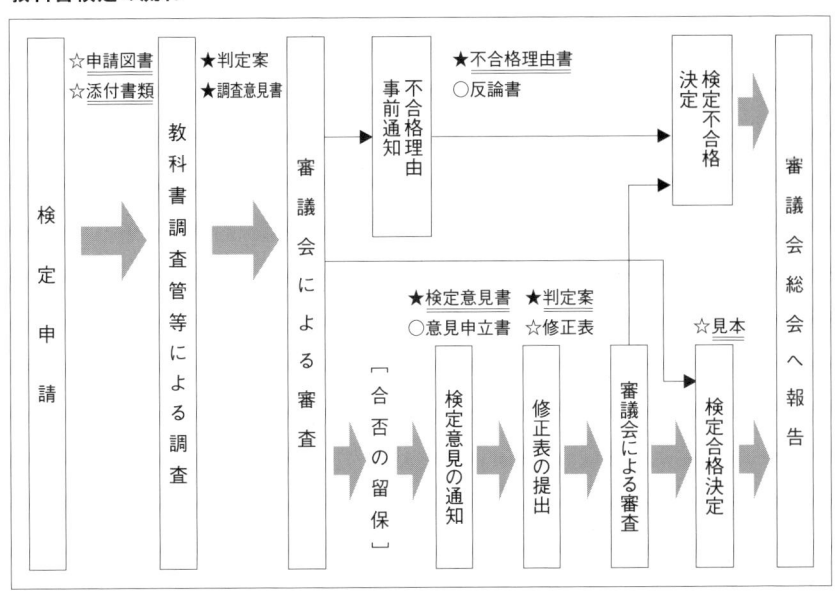

検定申請 → 教科書調査官等による調査 → 審議会による審査 → [合否の留保]

- ☆申請図書
- ☆添付書類
- ★判定案
- ★調査意見書

審議会による審査から:
- 不合格理由事前通知 → 決定 検定不合格
  - ★不合格理由書
  - ○反論書
- [合否の留保] → 検定意見の通知 → 修正表の提出 → 審議会による審査 → 検定合格決定
  - ★検定意見書
  - ○意見申立書
  - ★判定案
  - ☆修正表
  - ☆見本

→ 審議会総会へ報告

※　☆印は申請者提出資料、★印は文部科学省作成資料。
　　○は不合格判定や検定意見に不服がある場合に、申請者から提出される資料。
　　──は現在、検定結果の公開事業において公開している資料。

(3) 検定基準

　検定を行う際の審査の基準は、教科用図書検定基準（文部科学大臣告示）に定められている。「義務教育諸学校教科用図書検定基準」では、検定審査の観点として以下の項目を示している。
■基本的条件
①教育基本法および学校教育法への適応
　教育基本法の教育の目的（1条）、教育の目標（2条）、義務教育の目的（5条）および学校教育法の義務教育の目標（21条）並びに各学校の目的および教育の目標（29、30、45、46条など）への一致。
②学習指導要領への準拠
　学習指導要領の総則に示す教育の方針や各教科の「目標」への一致、各教科等の「目標」に従い、「内容」および「内容の取り扱い」に示す事項を不足なく取上げていること。
③心身の発達段階への適応
　使用する学年の児童または生徒の心身の発達段階に適応しており、また、心身の健康や安全および健全な情操の育成に必要な配慮がなされていること。
■選択扱いおよび構成・排列
①学習指導要領の「内容」「内容の取り扱い」への準拠
②政治・宗教の取り扱いの中立公正
③話題や題材の選択、扱いの公正
④特定の企業、個人、団体の扱いの公正
⑤引用資料の信頼性、公正
⑥構成・排列の適切さ
⑦発展的学習内容の取上げ方
■正確性および表記・表現
内容に誤りや不正確、相互の矛盾がなく、誤記・誤植がなく、文字、用語、記号などの表記は適切であること。

◎コラム　**いわゆる「近隣諸国条項」について**

　検定基準の中に「近隣のアジア諸国との間の近現代の歴史的事象の扱いに国際理解と国際協調の見地から必要な配慮がなされていること」という、いわゆる近隣諸国条項が位置づけられている。各教科共通の総則ではなく、社会科の「選択・扱いおよび組織分量」に位置づけられている。

　昭和57年7月、56年度の高校歴史教科書の検定結果の公表に際して、検定意見により「侵略」を「進出」に修正させたなどの、事実認識に正確性を欠く報道を契機に、中国・韓国等から記述の修正を求める申入れがあった。同年8月、日本政府として中国・韓国等の批判に耳を傾け、政府の責任において教科書記述を是正する旨の官房長官談話が発表された。11月文部省はこれを受け検定基準を改正し、いわゆる近隣諸国条項を追加し、文部大臣談話を発表した。以後、この条項をふまえ、慎重な検定が行われてきている。歴史教科書検定の大きな1コマとなっている。

（4）検定の結果の公表

　平成3年度から、国民の教科書に対する関心に応え、教科書への信頼を確保するとともに、教科書検定への一層の理解を得るため、検定申請された図書と検定決定後の図書を対比できるように工夫した検定資料の公開が行われている。

　最近は、全国8カ所の公開会場で、申請図書、検定意見が記載され申請者に交付された検定意見書、申請者が検定意見に従って修正した内容が記載された

修正表、教科書見本および教科用図書検定基準等の関係資料が展示されている。教科書の記述が検定の過程でどのように変わったのかを確認することができるようになっている。平成21年度からは教科書調査官が作成する調査意見書も加えて公表されている。

(5) 検定済図書の訂正──検定規則13条

　教科書発行者は検定済図書について、誤記、誤植または客観的事情の変更に伴い、明白に誤りとなった事実等の記載があることを発見したときは、文部科学大臣の承認を受け訂正を行わなければならない。

　また、学習を進める上に支障となる記載または更新を行うことが適切な事実の記載、もしくは統計資料の更新または変更を行うことが適切な体裁があることを発見したときは、文部科学大臣の承認を受けて訂正を行うことができる。これらの事項のうち、軽微なものなど一定のものは届出により訂正することができる。なお、文部科学大臣はこれらの記載があると認めるときは発行者に対して訂正の申請を勧告することができる（以上が検定規則13条の内容）。

　検定の周期はおおむね4年ごとになるので、この訂正申請により毎年最新のデータに更新することが可能になるなど、検定を補充する仕組みとして、弾力的な訂正の仕組みが設けられている。
（本文中の傍点は筆者が付記）

◎コラム　　**訂正制度をめぐる話題**

　　検定は丁寧な審査が行われているが、誤記・誤植が見落されることもあり、また、データの更新が必要となるなどの場合には、訂正申請手続きが必要となる。「雪国はつらつ条例」が「雪国はつらいよ条例」と間違って申請されたが、検定審査では見落とされたという、ほほえま

しい例もある。

　平成18年度に検定決定した高等学校日本史教科書の沖縄戦における集団自決に関する記述に関して、検定意見の趣旨が沖縄県民の体験や想いに照らし受け入れ難いとして、社会問題となった。すなわち、検定においては、沖縄戦をめぐる歴史研究の当時の学説状況をふまえて、集団自決の強制性（軍の自決命令があったかどうか）について断定的に記述することはできないという趣旨の検定意見を付し、それにもとづいて教科書記述が修正された。しかし、この検定結果について、沖縄県民から強い抗議が行われ、検定意見の撤回を求めて県民集会が開催された。検定における学説状況のとらえ方と県民の体験や想いとの相違を解決する方途が検定制度の中では見出し難いことから、こう着状況になっていた。

　しかし、訂正申請制度が特例とも言える結着の途をつけることとなった。教科書発行者は学習上の支障があるとして記述の訂正申請を行った。そして、教科用図書検定調査審議会はこの訂正申請に対して十分な審議を尽くし、その結果出された報告をふまえて、文部科学大臣はこれを承認した。

　歴史教科書の検定は、もとより国が特定の歴史認識や歴史の事実を確定するという立場に立って行うものではない。申請された具体の記述について、その時点における客観的な学問的成果や適切な資料に照らして欠陥を指摘することを基本としている。

　したがって、歴史認識等の違いからの問題指摘が避けられない面がある。この訂正申請を契機に、専門的な事項についての調査審議のあり方の見直しが行われるとともに、審議会における審議の過程の一層の透明化が図られることになった。

補節　家永教科書訴訟——憲法、教育基本法上の争点

　元東京教育大学教授家永三郎氏は日本史教科書の執筆者であるが、昭和30年代の検定以来、3次にわたり、教科書検定制度の違憲・違法および個々の検定意見の違法・不当について行政訴訟および損害賠償訴訟を提起した。三つの訴訟はいずれも上告審（最高裁判所における審議・判断）にまで持ち込まれるにいたっている。

　一連の訴訟は単に教科書検定制度をめぐる議論のみならず、同時期に提起された他の教育の自由などをめぐる戦後の教育制度の根本に関わる様々な憲法論議とも関わりながら展開されたものである。いわゆる教育権論争の一端を担う「教育裁判」として重要な意義を持つものである。昭和40年代から平成にかけて、講学的のみならず社会的にも関心の高いものであった。家永教科書訴訟の争点のうち、憲法、教育基本法上の争点についての最高裁判決を基にその要旨を整理すると以下のとおりとなる。

（1）表現の自由、検閲の禁止（憲法21条）に反するか否か

①教育の中立・公正、一定水準の確保が求められる普通教育の場においては、批判能力の十分でない児童生徒に無用の負担を与える内容を有する図書を教科書という特殊な形態で発行することを禁ずることは、公共の福祉による合理的で必要やむを得ない限度の制限を受けると解される、憲法21条1項の「表現の自由」の規定に違反するものではない。

②教科書検定は一般図書としての発行を何ら妨げるものではなく、行政権が思想内容等の表現物を網羅的一般的に発表前に審査して不適当と認めるものの発表を禁止する検閲の規定（同条2項）には違反しない。（国家賠請求事件・

平成5年3月最判）

（2）学問の自由（憲法23条）、教育の自由（憲法26条）、教育内容への関与（教育基本法10条）に反するか否か

①教科書は普通教育の場において使用される児童生徒の教育にふさわしい内容を備えた教育用図書であって、学術研究の結果の発表を目的とするものではない。検定基準はこうした教科書の形態における研究結果の発表を制限するに過ぎず、学問の自由を規定した23条の規定に違反するものではない。

②憲法26条は、子どもに対する教育内容を誰がどのように決定するかについて直接的に規定はしていない。国は子ども自身の利益の擁護のため、または子どもの成長に対する社会公共の利益と関心にこたえるため、必要かつ相当と認められる範囲において教育内容を決定する権能を有する。
　もっとも教育内容に対する国家的介入は、子どもが自由かつ独立の人格として成長することを妨げるようなものであってはならず、抑制的であるべきであるが、上述した国の正当な理由にもとづく合理的な決定権能を否定する理由にはならない。

③したがって、法令にもとづき実施される本検定は、憲法26条、教育基本法10条に違反するものではない。（国家賠請求事件・平成9年8月最判）

（3）法治主義（憲法13条、41条、73条6号）に反するか否か

①学校教育法34条を準用する62条は、検定の主体、効果を定めたものとして検定の根拠規定と見ることができる。また、検定規則、検定基準は、法律の委任を欠くとまでは言えない。

②検定の審査は申請図書の内容の学問的正確さ、中立・公正、教科目標等の達成、児童生徒の心身の発達段階への適応等の観点から、学術的・教育的、専門技術的になされる必要があり、文部大臣の合理的裁量に委ねられる。

③検定意見は原稿記述の学問的な正確性のみではなく、教育的な相当性に重きをおいて、学習指導要領に規定する教科の目標等や児童生徒の心身の発達段階に照らして判断すべきである。

④これら判断には看過し難い過誤があったとはいえず、文部大臣の裁量権の範囲の逸脱の違法があったとは言えない。

第3節　教科書の採択と無償給与

(1) 採択の権限

　教科書の採択とは、学校で使用する教科書を決定することをいう。採択の権限は、公立学校で使用される教科書については、その学校を設置する市町村や都道府県の教育委員会にある（地教行法23条6号）。国立・私立学校で使用される教科書の決定の権限はその学校の校長にある（学校教育法37条4項など）。

共同採択
　市町村立の小中学校で使用される教科書の採択の権限は市町村教育委員会にあるが、昭和38年に制定された、いわゆる教科書無償措置法により、採択に当たっては「市もしくは郡の区域又はこれらの区域をあわせた地域」を採択地区

として設定し、地区内の市町村が共同して教科・科目ごとに同一の教科書を選択することになっている。採択地区は、その地域内で同一の教科書を使用することが適当と考えられる地域であり、都道府県教育委員会が自然的、経済的、文化的条件を考慮して決定することとなっている。採択地区は平成20年1月現在で591地区、1県平均13地区となっている。1地区は平均して二つの市または郡で構成されている。

共同採択にあたっては、都道府県の教育委員会は採択の適正な実施を図るため、教科書の記述内容の研究を行い、その成果を採択地区へ提供するなど適切な指導、助言または援助を行われなければならない（無償措置法10条）。これは、教科書無償制度の導入に当たり、公立の義務教育学校に関して、過去の教科書採択をめぐる収賄事件などの反省に立って、十分な教科書研究にもとづいて、各地域の教育にふさわしい教科書を適正に決定する仕組みを採る必要があり、そのために都道府県教委が重要な役割を果たすことが求められたことによる。

共同採択は採択の公正を担保できること、地域内の転校であれば同じ教科書が使えること、小規模な町村では十分な教科書研究ができないことなどから採られている。この共同採択制については、各市町村教育委員会が学校の設置管理者として教科書の決定にどのような役割、責任を果たすことが適切か、今後とも考えていく必要がある。

なお、公立高等学校の教科書の採択については義務教育と異なり、法令上具体的な定めはなく、都道府県の教育委員会が各学校の実態に即して採択を行っている。

採択および供給の方法

義務教育諸学校で使用する教科書の採択の方法は無償設置法によって定められている。

①発行者は発行予定の教科書の書名、著作者名等の書目を文部科学大臣に届出。
②文部科学大臣は、書目をまとめて教科書目録を作成し、都道府県教委を通じて、市町村教委に送付。また、市町村教委は各学校に送付。
③発行者は教科書の見本を都道府県教委や採択権者（市町村教委、国立・私立

学校長）に送付。
④および⑤都道府県教委は専門的知識を有する校長・教員、指導主事、学識経験者などから構成される教科用図書選定審議会を設置し、この審議会の調査・研究結果をもとに選定資料を作成し、採択権者に送付する。このことにより、指導助言を行う仕組み。
⑥都道府県教育委員会は、学校の校長および教員、採択関係者の調査研究のため毎年6月から7月にかけて一定期間、教科書展示会を開催。この展示会は全国に839カ所ある教科書センターなどで実施。
⑦採択権者は、都道府県の選定資料を参考にする他、独自に調査研究した上で1種目につき1種類の教科書を8月末までに採択。
⑧都道府県教育委員会が必要冊数をとりまとめ文部科学大臣に報告。
⑨文部科学大臣は発行者に発行を指示。発行者は教科書供給業者、取次業者などにより、4月の新学期に間に合うよう、各学校に教科書を送付。
※①～⑦は図を参照のこと。

開かれた採択

　教科書採択に関しては、保護者や国民に開かれたものにしていくことが重要である。具体的には、教科用図書選定審議会や採択地区協議会等の委員に保護者の代表などを加えることにより、保護者等の意見がよりよく反映されるよう工夫するとともに、採択結果などの周知・公表などの方策を一層推進していくことが求められている。

（2）教科書の無償給与

義務教育教科書無償給与制度の趣旨

　国・公・私立の義務教育諸学校に在学しているすべての児童生徒に対し、その使用する全教科の教科書が、国の負担によって無償で給与されている。この制度は、次代を担う児童生徒が国民的自覚を深め、我が国の繁栄と福祉に貢献してほしいという国民全体の願いをこめて行われているものであり、同時に保

教科書採択の仕組み

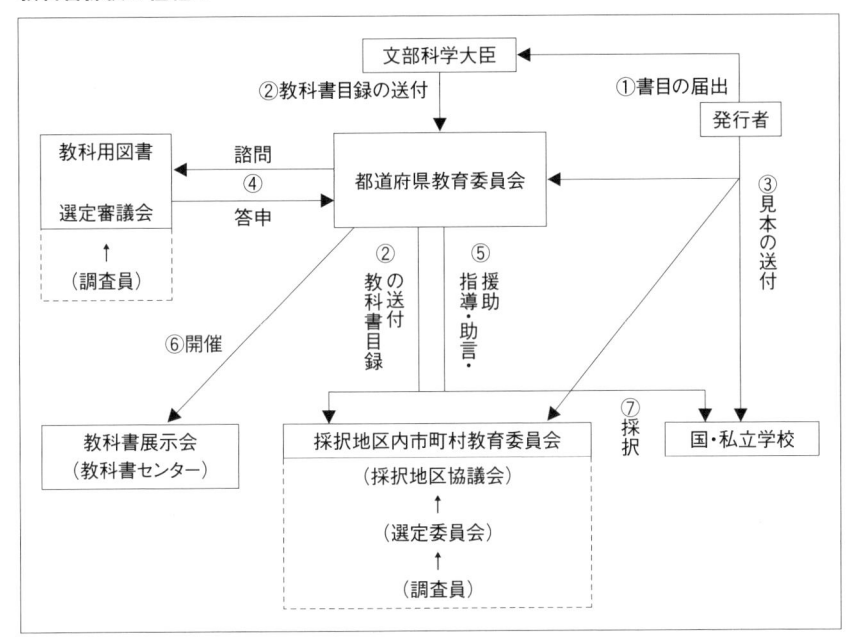

```
                          文部科学大臣 ←─────────── ①書目の届出
                  ②教科書目録の送付 ↑                    │
                              │                    発行者
  教科用図書   ─ 諮問 ④ →                              │
  選定審議会   ← 答申 ─    都道府県教育委員会 ←─────     │③見本の送付
      ↑                    │     │     ↑            │
   (調査員)                 ②     ⑤    ↑            │
                           教の   指援              │
                           科送   導助              │
  ⑥開催                    書付   ・言              │
      │                    目         助            │
      ↓                    録         ・            │
  教科書展示会          採択地区内市町村教育委員会 ──⑦→ 国・私立学校
  (教科書センター)         (採択地区協議会)         採択
                              ↑
                           (選定委員会)
                              ↑
                           (調査員)
```

護者負担を軽減するという効果をもっている。正しく憲法26条に揚げる義務教育の無償の精神をより広く実現するものとして実施されている。

　小学校に入学する時に、真新しい教科書がこの国民の願いが記された教科書袋に詰められて1年生の手に渡されている。

制度の沿革と対象等

　この制度は、「教科書無償法」（昭和37年4月施行）、「無償措置法」（昭和38年12月施行）にもとづき、昭和38年度の小学校第1学年から実施され、以後学年進行方式によって毎年拡大された。昭和44年度に小中学校の全学年に無償給与が完成し、現在にいたっている。今日では、国民の間に深く定着した施策と言える。

　諸国外における状況をみると、先進諸国においてはもちろんのこと、その他

教科書袋

の国々においても無償とするものが大勢を占めている。ただし、無償制をとる国の中にはそれぞれの国における教材のあり方の違いなどから、貸与制をとる国と給与制をとる国がある。いずれにしても保護者に教科書費用の負担は課されていない。

◎コラム　**教科書をめぐる二項対立的議論**

　教科書については、教科書を教えるのか、教科書で教えるのかの二者択一的な議論がよく行われる。「戦前は教科書を」で「戦後は教科書で」に変わったと評されることがある。
　また、学校教育法の定めるところにより主たる教材としてその使用を義務づけられていることを重くみると「教科書を」教えることに比重がかかる。
　しかし、児童生徒の興味関心に応じて発展的に学習したり、体験的な調べ学習を行う上では「教科書で」教え

> ることに比重がかかることになる。
>
> 　無償制のもとで、堅牢なつくりとして豊富な内容を盛り込み何年かにわたり受け継がれる貸与制がよいのか、自分の教科書として書き込みをしたり、家に置いて後に読み返すことができる給付制がよいと考えるのか、教科書の意義役割に対するとらえ方は国によって違いがある。
>
> 　教科書はぶ厚い参考書的なものとし、児童生徒が興味関心に応じて自主学習して高度な内容も教科書で学べるようにする方がいい、との意見の一方で、ぶ厚すぎると家に持って帰るのも大変であり、教科書はすべての子どもが共通に学ぶものだから、ぶ厚すぎるものはいかがかなど、様々な意見がある。
>
> 　"予算がないから厚くできない"では本来転倒だが、教科書は薄すぎず（紙質のランクを下げてでも厚くすることは必要）、考えるきっかけやヒント、発展的な学習につながる内容を盛り込みながら、児童生徒が持ち運びが可能なものを目指すことが大切ではないだろうか。
>
> 　二項対立的な議論ではなく建設的な教科書論議が期待される。
>
> （傍点は筆者付記）

無償給与の予算

　平成21年度の無償給与に関する予算額は394億円であり、約1,080万人強の児童生徒に対して、合計約1億800万冊の教科書（平成19年度）が給与されている。

　児童生徒一人あたりの平均教科書費は、小学校用教科書3,106円（教科書1冊あたり339円）、中学校用教科書4,499円（教科書1冊あたり486円）となっている。週刊誌1冊あたり3～400円の時代においてこの定価は適当なものか、十分な議論が必要である。

◎コラム　　**拡大教科書を知っていますか**

　拡大教科書は、弱視の児童生徒のために検定済教科書の文字や図形を拡大し、かつ単純に拡大するのではなく教科書としての体裁を整えて複製され、図書として発行されるものである。拡大するため分量が増えて1冊の検定済教科書が数冊の分冊になることがある。

　検定済教科書は各教科書出版社から出版されている。拡大教科書は、個人によって見え方の異なる弱視の子どもたちの一人ひとりのニーズに応じ、全国のボランティアグループの皆さんの協力によって制作されるほか、民間の拡大教材製作会社からも出版されている。教科書出版者はそのための電子データを提供したり、自ら拡大教科書を製作する動きを始めている。

　平成20年には「障害のある児童及び生徒のための教科用特定図書等の普及の促進等に関する法律」(いわゆる「拡大教科書法」)が制定された。

　拡大教科書や点字教科書などの普及促進のために国は、①標準的な規格の策定、調査研究、無償給与などの措置を行うこと、②教科書発行者は電子データの提供、拡大教科書の発行に努めること、③小中高校は、児童生徒が拡大教科書を使用することができるよう配慮すること、などが定められた。

　拡大教科書は、これまでも特別支援学校や特別支援学級において、いわゆる「107条図書」(現在は「附則9条本」)として無償給与されてきており、また平成16年度からは普通学級に在籍する弱視の子どもたちにも無償給与されるようになった。平成17年度には全国で約600人の子ども

> たちに、約9,000冊の拡大教科書が無償給与されている。
>
> これまで、この制度に対する教育委員会や学校関係者の理解が十分ではないとの指摘や、ボランティアグループに対する支援が十分ではないとの指摘があり、拡大教科書法の制定を機に、拡大教科書を必要とするすべての子どもたちに教科書が行き渡るように関係者が努力することが求められている。

第4節　教科書のあり方（演習問題に代えて）

　教科書は教材の中心的役割を果たすものと位置づけられており、また憲法26条にかかげる義務教育無償の精神を実現するため、すべての子どもたちに国民の願いを込めて無償で届けられている。その意味では、我が国において教科書は学校教育において重要な役割を果たしており、国民からも信頼されるものといえる。

　より良い教科書のために、教科書のあり方について、いくつかの検討課題を挙げておくので、演習問題として読者で検討してもらいたい。

(1) 教科書の内容を時代の変化、社会の進展に応じて迅速かつ適切に見直す工夫ができないか。著作編集、検定、採択、印刷発行、供給の時間をいかに短縮して、速やかな教育活動の展開につなげ得るか。

■参照
　教科書が使用されるまで、編集、検定、採択、発行、供給に3年を要してい

る。また、それに連動して、小学校の教科書の検定の周期は原則として4年ごととなっている。新しい学習指導要領が平成20年3月に告示されてから、平成23年4月の実施までに3年を要しているが、これは、主として、教科書が学校現場に届くまで3年を要することによる。また、4年周期の中で訂正申請制度は存在しているが、社会の変化に対応して教科書内容を柔軟に見直すシステムづくりも急がれる。

教科書が使用されるまで

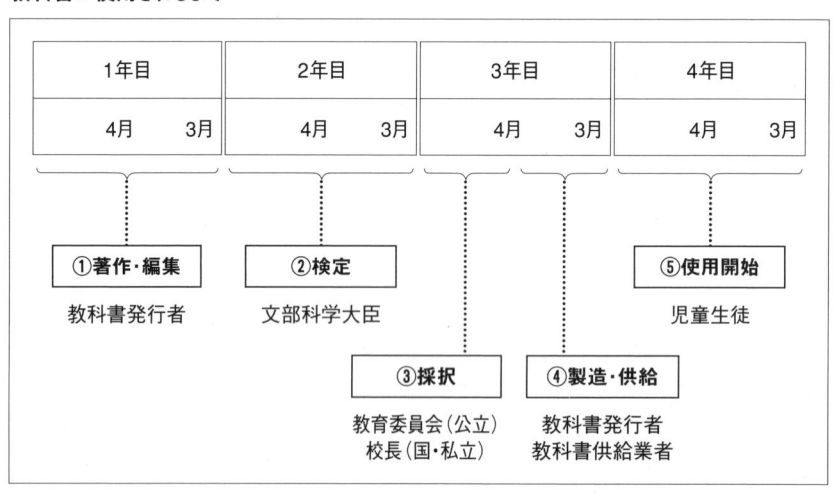

1年目	2年目	3年目	4年目
4月　　3月	4月　　3月	4月　　3月	4月　　3月
①著作・編集	②検定		⑤使用開始
教科書発行者	文部科学大臣		児童生徒
		③採択	④製造・供給
		教育委員会(公立) 校長(国・私立)	教科書発行者 教科書供給業者

(2) 個性豊かで多彩な教科書を増やすために次のような課題があることをふまえ、どの様に対処すれば良いか。

■参照
　これまでに指摘された問題を整理すると次のようになる。
①検定制度によって教科書の内容が画一的にならないようにしなければならないこと。
②採択にあたっては、教員や保護者の声が反映されるように工夫し、学校の特

色や地域の特性に適しい教科書が選定できるようにすること。
③教科書に関する予算が十分でないため、新規に教科書会社が参入することも少なく、編集体制も十分とは言えないこと。
④拡大教科書や電子教科書など子どもたちの多様なニーズに応える多彩な教科書も十分には届けられないこと。

個性的で、内容の豊かな教科書を目指して各関係者の継続的な創意工夫、努力が求められる。

小中高等学校の教科書検定・採択の周期

学校種別等区分		年度	平成11	平成12	平成13	平成14	平成15	平成16	平成17	平成18	平成19	平成20	平成21	平成22
小学校		検定		◎			◎				◎		◎	
		採択	△		△			△				△		△
		使用開始		○		○			○				○	
中学校		検定	◎	◎				◎				◎		◎
		採択			△	△			△				△	
		使用開始				○	○			○				○
高等学校	主として低学年用	検定			◎			◎			◎			
		採択				△			△			△		△
		使用開始					○			○				
	主として中学年用	検定				◎			◎			◎		
		採択					△			△			△	
		使用開始	○					○			○			
	主として高学年用	検定					◎			◎				
		採択	△					△			△			
		使用開始		○					○			○		

◎：検定年度
△：直近の検定で合格した教科書の初めての採択が行われる年度
○：使用開始年度

第6章───地方教育行政

　戦後の教育の民主化は地方教育行政の仕組みをどうするかにかかっていたといっても過言ではない。占領下における教育行政は米国の制度を参考にその基本的構造が整備され、その後、冷戦を軸とする世界政治の枠組みの中で展開された教育行政の変貌が見られた。
　さらに、我が国社会の進展による教育に対する期待は戦後一貫したものがあり、特に近年の地方分権化の政治的要請のもとでの構造改革により、目まぐるしい制度改善の動きからは眼が離せない。
　こうした地方教育行政の基本法制の歴史的変遷とともに、分権化のもと地域・保護者と連携した学校管理行政の望ましいあり方をも念頭に、今後の教育行政の課題について主要事項を解説する。

第1節　教育委員会制度の成立と展開

(1) 教育委員会とは何か

　学校の名称を見ればわかるように、我が国の公立学校は基本的に、小中学校は市町村立であり、高等学校や特別支援学校は都道府県立となっている。そして市町村、都道府県の中で学校の管理運営を行うのは教育委員会である。
　教育委員会とは何か。教育委員会は地方における教育行政を中心的に担うものであり、道府県知事、市町村長（以下「首長」という）から独立した行政委員会である。
　都道府県、市町村には、原則として5名の非常勤の教育委員で組織する教育委員会が設置されている。教育委員は教育、学術および文化に関し識見を有するもののうちから首長が、議会の同意を得て任命することとされている。実際には、大学教員、会社役員、医師、弁護士、保護者など必ずしも教育の専門家ではない地域の有識者が委員を務めている。これらの教育委員が、最高意思決定機関である教育委員会を通じ、合議により地域の教育行政の基本方針等を決定し、執行することとなる。このような方策は「レイマン・コントロール(layman control)」と呼ばれ、米国の制度を参考にしたものである。教育委員会には委員長が置かれ、委員のうちから選挙により選ばれる。委員長は教育委員会を主催し、代表するものであるが、このことは教育委員会の権限を委員長が単独で行使できるということではない。教育委員会はあくまで合議体として意思決定をし、権限を行使するものであり委員長に特別な権限が与えられているわけではない。
　一方で、複雑・多岐にわたる教育行政において、非常勤でありかつ必ずしも教育や教育行政の専門家ではない教育委員がすべての事務を執行することは不

教育委員会の仕組み

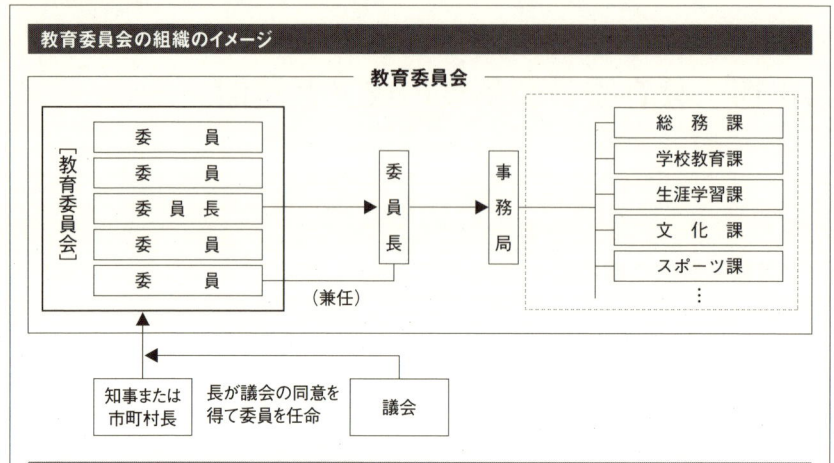

教育委員会の組織のイメージ

```
                        ┌─ 教育委員会 ──────────────────────────────┐
                        │                                              │
[教育委員会]             │                                    ┌─総務課──┐│
  ┌ 委   員 ┐           │                                    │学校教育課││
  │ 委   員 │           │   委    事                         │生涯学習課││
  │ 委 員 長 │ ────→    │   員 →  務 ────→                  │文 化 課 ││
  │ 委   員 │           │   長    局                         │スポーツ課││
  └ 委   員 ┘           │                                    │  ⋮     ││
         ↑              │        (兼任)                      └────────┘│
         │              └──────────────────────────────────────────────┘
         │                    ↑
   ┌──────────┐    ┌──────────────┐   ┌──────┐
   │知事または │    │長が議会の同意を│   │ 議会 │
   │市町村長   │    │得て委員を任命  │   │      │
   └──────────┘    └──────────────┘   └──────┘
```

1. 教育委員会制度の仕組み

○教育委員会は、首長から独立した行政委員会としてすべての都道府県および市町村等に設置。
○教育委員会は、教育行政における重要事項や基本方針を決定し、それにもとづいて教育長が具体の事務を執行。
○教育委員は非常勤で、原則5人。任期は4年で、再任可。
○教育長は常勤で、教育委員のうちから教育委員会が任命。

2. 教育委員会制度の意義

①政治的中立性の確保
　教育は、その内容が中立公正であることが極めて重要。個人的な価値判断や特定の党派的影響力から中立性を確保することが必要。
②継続性・安定性の確保
　特に義務教育について、学習期間を通じて一貫した方針のもと、安定的に行われることが必要。
③地域住民の意向の反映
　教育は、地域住民にとって関心の高い行政分野であり、専門家のみが担うのではなく、広く地域住民の参加をふまえて行われることが必要。

可能である。そのような日常的な事務執行を行うことは、本来、合議制の教育委員会に求められる役割ではない。

　このため、教育委員会には教育あるいは教育行政の専門家である常勤の教育長が置かれる。教育長は合議制の教育委員会の指揮監督のもとに、教育委員会のすべての事務をつかさどるものであり、教育あるいは教育行政の専門家として日々の事務執行を行っている。このような考え方は「プロフェッショナル・

リーダーシップ（professional leadership）」と呼ばれている。

　教育長は教育委員の中から任命されるが、実際には、教育委員会事務局での行政経験がある元校長や首長部局の幹部を務めた行政職員が多い。

　また、教育委員会には具体的な事務処理を行うために事務局が置かれ、総務課、教職員課、学校教育課、社会教育課、文化課などといった組織が構成されている。教育長の指揮監督のもと、それぞれの担当課で教職員の採用や人事異動、学校における教育内容や方法の改善の指導、図書館や公民館の運営の支援、スポーツ・文化団体への助成などを行っている。

　このように、地方における教育行政は、首長から独立した教育委員会という組織において、「レイマン・コントロール」と「プロフェッショナル・リーダーシップ」との調和とバランスのもとに進められている。以上が教育委員会の概要であるが、以下では、この教育委員会制度の成立とその後の展開について述べていきたい。

（2）戦前の学校教育と地方教育行政

　学校教育は戦前から行われていたが、市町村に教育を担当する組織や人員は、現在の教育委員会事務局のようには配置されていなかった。なぜなら、戦前の制度においては学校教育は国の仕事であり、地方はいわばその一部を下請けするだけの役割しか与えられていなかったからである。近代的な学校教育制度のスタートは明治5年の学制発布にさかのぼる。

　学制の中に「邑ニ不学ノ戸ナク、家ニ不学ノ人ナカラシメン事ヲ期ス」と記されたように、明治政府の教育政策の大きな目標は、すべての国民を学校に通わせることであった。全国津々浦々に小学校を建設し、学齢期の子どもを学校に通わせるため戸籍を整理すること（就学事務）が市町村の仕事とされたが、それ以外の仕事はすべて国の仕事であった。

　教科や教育内容を定めるのは国、教科書の作成を行うのも国、国が決めた教育内容を教える教員を養成するのも国、養成した教員を学校現場に配置するのも国であった。教員は府県知事が任命し、給与は地方負担とされる「待遇官吏

であったが、ほぼ国家公務員に近い位置づけであったと考えてよい。

　府県知事といっても現在の都道府県知事のように地域住民の選挙によって選ばれる知事ではなく、戦前の知事は国から派遣される官選知事であって、国の機関の一つであった。要すれば、市町村の仕事は学校の建物を建て、そこに子どもを連れていくまでであり、学校の中では国家公務員の教員が国で決めた教育内容を教え、その指揮監督は国の機関である府県知事が行う、という仕組みであった。

　したがって、教育内容に関することや教員人事に関することは市町村の仕事ではなかったため、市町村に教育行政の専門家は配置されず、専門家は国の機関である府県知事のもとに配置されていた。

(3) 教育委員会の誕生――戦後の教育行政の民主化、地方分権化

　戦後、GHQの占領下において教育行政制度は大きく改革された。その目的は、文部大臣が強力な指揮監督権を持つ中央集権的な制度を改め、地方分権を進めて民主的な教育行政制度とすることにあった。

　昭和21年、連合国軍最高司令官マッカーサー元帥の要請で、第1次米国教育使節団が来日した（第2次使節団は昭和25年に来日）。

　その「米国教育使節団報告書」は初等中等教育の教育行政について、中央集権的制度を改めるとともに、新たに公選による民主的な教育委員会を府県と市町村に設置し、中央官庁に属していた教育行政権限を移すという地方分権的制度を採用するよう強く勧告した。

　やや長くなるが、以下に報告書を引用してみる（※1）。

　まず「文部省の権限」として、「文部省は、日本の精神界を支配した人々の、権力の中心であった。従来そうなっていたように、この官庁の権力は悪用されないとも限らないから、これを防ぐために、われわれはその行政的管理権の削減を提案する。このことはカリキュラム、教授法、教材および人事に関する多くの現存の管理権を、都道府県および地方的学校行政単位に、移管せられるべきことを意味する」とした。

「都道府県庁の権限」として、「公立の初等および中等教育の管理に対する責任は都道府県および地方的下部行政区画（すなわち市町村等）に任せられるべきである。各都道府県に教育委員会または機関が設立され、そしてそれは政治的に独立し、一般民衆の投票の結果選出された代議的公民によって構成されるよう勧告する」とした。

　さらには「地方的下部行政区画（市町村）の権限」として、「各都市またはその他の地方的下部行政区画においては、国民の選んだ一般人によって教育機関が構成されてこの機関が法令に従って、その地方にあるすべての公立の初等および中等学校の管理をつかさどるようわれわれはすすめる」とされている。

　この勧告をもとに、アメリカの教育委員会制度を参考にして、昭和23年に教育委員会法が制定された。

　教育委員会法の大きな特徴は、住民の選挙によって教育委員を選任する公選制を採用して教育行政の民主化が進められたことである。

　戦前は校舎の建設・維持と就学事務だけだった市町村教育委員会の役割が、教職員人事、学校管理、教育内容の指導など教育事務全般におよぶように地方分権化が進められた。学校の経営と教育内容に対する指導まで学校の設置者である市町村教育委員会が行うという大きな発想の転換が行われた。

　これは、昭和21年に公布され、翌年施行された日本国憲法における国民主権、民主主義、地方自治といった理念が教育行政の考え方の基本となったからでもある。

※1　文部省調査普及局「米国教育使節団報告書」p.28〜29

第2節　教育委員会制度の展開

(1) 教育委員会法の問題点

設置単位の問題

　このように教育委員会法の成立は画期的な制度改正であったが、実際の運用は必ずしも期待どおりには進まなかった。問題点の一つは設置単位である。教育委員会を都道府県や五大市（大阪市、京都市、名古屋市、神戸市および横浜市）に設置することには異論がなかったが、市町村のすべてにまで教育委員会を設置することについては賛否両論があった。

　市町村も歴史的に合併を繰り返して規模が大きくなった現在の市町村とは異なり、当時は一万近くの市町村があった。あまりに教育行政の単位が細分化されるとかえって非効率ではないか、あるいは、規模の小さい町村に大きな権限を与えても行財政能力が不十分で実施しきれないのではないか、といった議論があった。

　結局、都道府県と五大市には昭和23年に教育委員会が設置され、市町村の教育委員会については徐々に設置期限が延長された後、最終的には昭和27年に全面設置が実現した。今日では市町村教育委員会が教育行政を行うことは定着している。

　しかし、現在においても、人口規模の小さい市町村においては指導主事（学校教育の専門家、学校の教員から採用される場合が多い）が一人もいない場合も多いなど、事務局体制が不十分であるという課題を抱えている。そのため、予算の充実や近隣の市町村と協力して広域処理を進めることなどが求められている。

教育委員公選制の問題

　教育委員会法のもう一つの問題点は、教育委員の選挙であった。そもそもアメリカの教育委員会制度は、教育の専門家ではない住民が地域の教育方針を決定するという考え方（レイマン・コントロール）にもとづくものであった。

　昭和23年に第1回の教育委員選挙を行ったところ、日本では教職員組合が組織票をもっていたこともあり、全国の当選者の約3分の1が教職員という結果になった。昭和25年に文部省が第2次米国教育使節団に提出した報告書では、教育委員の選挙について、

①国民一般が教育委員会制度を理解する程度が低く、その結果棄権率も相当高く、また、野心家に利用されやすいこと、

②教員組合はその組織力を利用して自己の代表者を委員に選出し、その委員を通じて教育委員会をコントロールしようとする傾向がみられること、

③単一選挙区制のため、選挙費用がかさみ、金のある野心家か、組織的地盤のあるものでなくては当選できない現状であること、

を指摘している。

　また、当時の教育委員会は、現在の教育委員会よりも一般行政からの独立の度合いが高く、教育予算案や条例案の原案送付権を持っていた。しかしながら、アメリカの教育委員会と異なり、予算原案を出せても教育税などの独自財源を持っているわけではないため、一般行政から完全に独立していたわけではない。そこに知事や市町村長と政治的に対立する教育委員がいる場合には、調整が難しくなり、教育委員会が政治的な確執の場になってしまうという問題もあった。

人事権の所在

　さらにもう一つの問題点は、都道府県教育委員会と市町村教育委員会の間での教員人事の問題であった。前述のように、戦前の教員は国家公務員であったが、戦後、教育委員会法および教育公務員特例法により、小中学校教員の任命権者は市町村教育委員会とされた。一方で、教員の給与については戦前から国と都道府県で負担する制度が続いていた。明治政府は当初、国家公務員である教員の給与を市町村の負担としていたが、市町村の財政負担が過重であることから、昭和15年に市町村負担をやめて国と道府県で負担する制度（県費負担教

職員制度）とし、その制度が戦後まで続いていたのである。その結果、任命権者である市町村教育委員会が教員を雇うと、都道府県教育委員会がその給与を支払わなければならないことになり、都道府県側に不満が生じることとなった。

(2) 地方教育行政の組織および運営に関する法律の成立

　これらの様々な問題を解決するため、教育委員会制度の大幅な見直しが行われ、昭和31年、教育委員会法を廃止して、新たに「地方教育行政の組織及び運営に関する法律」（以下「地方教育行政法」という）が制定された。

　これにより、すべての都道府県、市町村に教育委員会を置くという制度は従来どおり維持されたが、教育委員の選任方法については、公選制をやめ、首長が議会の同意を得て任命する任命制とされた。

　また、予算の執行は首長の職務権限とするとともに、教育委員会による首長への教育予算原案の送付権は廃止して、予算案のうち教育に関する部分について首長は教育委員会の意見を聴かなければならないこととした。教育行政と一般行政との調和と連携が重視されることとなった。

　さらに、教員の人事権は、市町村教育委員会から、給与を負担する都道府県教育委員会へと移され、都道府県と市町村との関係が見直された。

　この法律の骨格は現在まで維持されており、地方教育行政法の成立によって、現行の教育委員会制度がほぼ確立したと言ってよい。

　こうしてできた教育委員会制度の意義は、①政治的中立性の確保、②教育行政の継続性・安定性の確保、③住民意思の反映の3点にとなる。

政治的中立性の確保

　地方の行政組織には、首長直轄の組織に加え、人事委員会、選挙管理委員会、公安委員会等の独立した行政委員会が置かれた。教育委員会もその一つである。教育は多数の住民に強い影響力を持ち得ることから政治的中立が強く要求される。首長から独立した機関が教育行政を行うことにより、首長の属する党派の利害に左右されることがなくなった。

また、合議制の委員会とすることにより、個々の判断や恣意の介入を防ぐことができる。なお、現行制度では、教育行政における政治的中立性をより確保するため、教育委員の政治的行為を制限するとともに、過半数の委員が同一政党に属することがないよう制限する規定が設けられている。

教育行政の継続性・安定性の確保
　教育は長期的な計画のもとに一貫した方針で行われるべきものであり、教育行政においても継続性・安定性を確保することが必要である。首長のように独任制の機関の場合には4年ごとの選挙によって当事者が変われば方針も直ちに変わるおそれがある。
　そこで、教育委員会制度では合議制の委員会とするとともに、委員が毎年一部ずつ交替するように任期が定められている。これにより、ある時期にすべての委員が一斉に交替したり、過半数の委員が一度に交替したりすることがなく、急激に教育方針が変わることがない仕組みとなっている。

住民意思の反映
　教育は地域住民にとって関心の高い行政分野であり、教育行政が住民の期待に応えるものとなるためには、行政職員や教育の専門家の判断だけで方針が決定されるのではなく、地域住民が意思決定に参画することが必要である。教育の専門家ではない地域の有識者が教育委員に任命され、教育方針を決定するいわゆるレイマン・コントロールの仕組みにより、住民意思が教育行政に反映される。
　なお、平成19年の地方教育行政法の改正により、教育委員に必ず保護者が含まれるようにしなければならないこととされ、より一層住民の意思が反映できる仕組みとなっている。

(3) 地方教育行政法をめぐる論点――東京都中野区の準公選制をめぐって

　制定以来40年以上にわたり地方教育行政法は大きく改正されることなく、教

育委員会制度は安定的に定着していった。

その間、制度の運用について問題となったのは東京都中野区における教育委員の「準公選制」の問題である。中野区では、昭和54年に「中野区教育委員候補者選定に関する区民投票条例」が施行された。その結果、区長が4年ごとに教育委員の候補者について住民投票を実施するとともに、区長はその投票の結果を参考にしなければならないこととされていた。前述のとおり、教育委員の任命権者は首長とされ、中野区では区長に任命権がある。その場合に、住民の意向を把握し、それを参考にすることは法律上禁止されているわけではない。

では、中野区の「準公選制」は何が問題とされたのだろうか。当時、文部省から繰り返しなされた指導によれば、「準公選制」の問題点は次の2点に要約できる。

まず、法律上与えられている区長の権限と条例との関係の問題である。地方教育行政法第4条では「委員は（中略）地方公共団体の長が、議会の同意を得て、任命する」とされており、教育委員候補者の選定権は首長に与えられた固有の権限とされている。

一方、中野区の条例では、区長は「住民投票の結果を尊重しなければならない」として、区長の専属的な権限を条例で制約しており、このことが地方教育行政法第4条に違反するというものである。

二つ目は地方教育行政法が、教育行政における政治的中立性の確保をその基本理念としているにもかかわらず、中野区の制度では、委員候補者になろうとするものによる投票勧誘活動を予定しているものであり、このことは地方教育行政法の趣旨に反するというものである。

中野区は当時、文部省および東京都教育委員会から繰り返し指導されたにもかかわらず4回の区民投票を実施した。

その後、様々な経過をたどりつつ、平成6年に当該条例を廃止し、現在では自薦、他薦によって教育委員の候補者リストを作成し、区長が任命する際の参考とする方法を採っており、区長はこの推薦結果には拘束されないこととなっている。

教育委員の選任方法については、教育委員会法による公選制の時代に様々な弊害が生じたために、地方教育行政法によって首長による任命制となり、その

制度が現在まで続いている。

現行制度においても教育委員に適任者を選任する上で課題がないわけではない。任命制の場合には公選制と異なり、教育委員は自ら希望して教育委員になるとは限らず、首長から頼まれて委員に就任することとなる。

教育長および教育委員会事務局に行政職員や教育の専門家からなる組織において、どこまで専門家集団をコントロールしていく力を持てるかは、教育委員の意欲と力量次第である。

また、首長が教育行政の見地から適任者を選ぶことよりも、政治的な配慮からの人事として教育委員のポストを考えているという指摘もある。また、ともすれば教育委員会は形骸化しているという批判もあり、教育委員に適任者が任命されるような選任のあり方は一つの検討課題である。

第3節　教育における地方分権の進展

(1) 地方分権一括法──団体自治の強化

地方教育行政法は、その名のとおり地方教育行政の組織および運営に関する法律であるが、地方自治制度全体からみれば地方の一般行政の組織および運営について定めた地方自治法の特別法であるとも言える。

したがって、現実の地方教育行政は、地方教育行政法に特に規定されていない事項については、地方自治法に定める一般地方行政の規定にのっとって実施されることとなる。こうした位置づけから、時代の変化とともに、地方自治一般のあり方が変われば、教育委員会制度のあり方も影響を受けるのは必然である。

戦後、日本国憲法が制定されて以来、地方分権は政府全体の重要な課題の一つであった。このことが特に教育行政に影響を与えたのは、平成11年の「地方分権の推進を図るための関係法律の整備等に関する法律」（いわゆる「地方分権一括法」）の制定である。

これは、政府に設けられた地方分権推進委員会の第1次から第4次までの勧告を最大限尊重して策定された「地方分権推進計画」（平成10年5月29日閣議決定）にもとづき、関係する法律475本を改正した大きな制度改正である。この中で国と都道府県、市町村相互の関係について地方分権という観点から見直され、教育委員会制度について以下のような改正が行われた。

教育長の任命承認制度の廃止

従来、都道府県教育委員会の教育長を任命する場合には文部大臣の承認、市町村教育委員会の教育長を任命する場合には都道府県教育委員会の承認を得る必要があった。この任命承認制度を廃止し、地方公共団体が自らの責任と判断で教育長を任命できることとなった。

教育長の任命承認制度は、昭和31年の地方教育行政法制定時に導入されたものである。教育委員会法のもとでは教育長の資格に関する定めがあり、教育職員免許法（昭和24年）に現在はない教育長の免許を有するもののうちから教育長を任命することとされていた。

その後、29年により広く人材を登用できるよう教育長の免許制度が廃止され、大学での所定の単位の修得や職務経験などから定める任用資格を満たすものから教育長を任命する任用資格制となった。

しかし全国津々浦々のすべての教育委員会で教育長を任命する必要があるが、一律の資格を定めてそれを有するものを任命することとしても、現実には各地域で該当する人材を確保することは現実には困難であった。

そこで31年の地方教育行政法制定の際に、資格制度をやめ各地方自治体の情況に応じてより柔軟に判断できる承認制度が導入された。当時はこのような理由があって設けられた任命承認制度であるが、平成の地方分権改革の際に改めてこの制度が見直された。一つの地方公共団体の幹部人事について、国や別の地方公共団体の判断なしに決められないという制度は、地方自治制度の趣旨か

ら特異なものとされた。

これにより国の関与の縮減、廃止という流れの中で、この任命承認制度も廃止されることとなった。

指導、助言、援助の規定の改正

従来、文部大臣は都道府県または市町村に対し、都道府県教育委員会は市町村に対し必要な指導、助言または援助を「行うものとする」と規定されていたが、「行うことができる」と規定を改正した。指導等は必ず行うのではなく、必要に応じて行うものであることを明確にし、各地方公共団体の主体的な判断が過度に制約されることがないようにした。

指導、助言、援助の規定は、戦後の教育制度のあり方を象徴するものであったとも言える。前述のように、戦前の教育は国が実施するものであり、府県知事の下にいる職員も、学校の教員も国家公務員という位置づけであった。そこには国から府県、府県から学校に「指揮監督」「命令」が行われるような上下関係があった。戦後になって、都道府県、市町村は国から独立した「地方公共団体」として制度が整備され、学校教育については設置者である都道府県や市町村が責任を持つという仕組みとなった。

このため、国、都道府県、市町村相互の関係については、新たに法律で規定することが必要となり、昭和31年の地方教育行政法で、国は都道府県、市町村に、都道府県は市町村に「指導、助言または援助」を行うものと定められた。「指導、助言、援助」は、戦前の「指揮監督」や「命令」とは異なり、法的拘束力を持たない非権力的な関与である。逆に言えば、関与の方法が「指導、助言、援助」と規定されたことは、国から「指揮監督」や「命令」はできないということである。学校教育が国の仕事から地方の仕事になったことがこの規定にも反映されている。

地方分権一括法における改正は、これをもう一歩進めてさらに地方の主体性を高めた。

市町村立学校に関する都道府県の基準設定権の廃止

従来、都道府県教育委員会は市町村立学校の組織編制、教育課程、教材の取

り扱いなど管理運営の基本的事項について必要な基準を設けることができるという規定があった。しかし、市町村の主体的な判断を重視し、都道府県の市町村に対する関与をできる限り縮減する観点から、同規定を廃止した。

これにより、例えばこれまでこの規定にもとづき都道府県教育委員会が定めていた、市町村立小中学校の学校管理規則に関する準則などは廃止されることとなった。各都道府県が定めるこの「準則」は、市町村立小中学校における休業日や教育課程、教材の取り扱い、校務分掌などを定め、市町村教育委員会に対する基準としての性格を有した。しかし、これが廃止され、市町村教育委員会が一層の主体性をもって学校の管理運営を行うことになったのである。

さらに、市町村教育委員会と学校との関係においても、学校の裁量をより拡大することとした。これにより例えば、教育課程の編成や教材の使用、宿泊を伴う学校行事の決定などにおいて、教育委員会の許可や承認などの関与を行わない方向で学校管理規則の見直しが進められている。

（2）地方教育行政法の改正——住民自治の強化

このように平成になってからの教育委員会制度の改革は地方分権という観点から行われてきたが、平成11年の改革は「団体自治」を強化するための改革と言える。

一般に「地方自治」という場合には、国から独立した地方公共団体の権限と責任で地域の行政を行う「団体自治」と、住民の意思と責任で地域の行政を行う「住民自治」という二つの考え方がある。上記の地方分権一括法による地方教育行政法の改正は、いずれも都道府県あるいは市町村という地方公共団体に対する国等からの関与を縮減、廃止するという「団体自治」を強化したことになる。

これに対して、平成13年に行われた地方教育行政法の改正は、教育行政の透明性を高め、より保護者や住民の意思を反映できるようにしたものであり、「住民自治」を強化したものと言える。

この法改正は、平成12年3月に内閣総理大臣主催の会議として設置された

「教育改革国民会議」が同年12月にまとめた報告「教育を変える17の提案」を受けて行われたものである。改正の主な内容は以下のとおりである。

①教育委員の構成の多様化
　地域住民の多様な意向が教育行政に反映されるようにするため、教育委員の任命にあたり、委員の年齢、性別、職業などに著しい偏りが生じないよう配慮すること、委員に保護者が含まれるように努めることが新たに規定された。
②教育委員会の会議の原則公開
　教育行政の説明責任を果たすため、教育委員会の会議を原則公開とする規定を設けた。
③教育行政に関する相談窓口の明示
　地域住民の意向に的確に対応していく観点から、教育委員会が相談窓口となる職員を指定し、公表することを義務づける規定を設けた。

(3) 学校運営協議会制度の創設

　平成16年に地方教育行政法が改正され、各教育委員会の判断で学校運営協議会を設置することができることとされた。学校運営協議会の制度は、保護者や地域の住民、有識者などから構成されるメンバーにより学校運営に関して広い見地から協議し、その意見を学校運営に反映させるものである。
　教育委員会から指定された学校では、教育課程の編成など学校運営の基本的な方針について学校運営協議会の承認を得る必要がある。さらに学校運営協議会は教職員の人事についても意見を述べることができ、人事を行う教育委員会はその意見を尊重しなければならないこととされている。
　この制度は、「地域に開かれた信頼される学校づくり」を目指して導入されたものであるが、地方分権という観点からすれば、学校運営に関する「住民自治」を強化したものと理解することもできる。
　しかし、法令上学校運営の責任者は校長であり、また教職員の人事は教育委員会の権限で行われるものである。したがって、学校運営協議会を通じて保護

者や地域住民の意向を学校運営に反映させていくと同時に、最終的には法令上の権限を持つものが自らの責任において判断することが求められる。

平成21年4月1日現在、全国で478校に学校運営協議会が設置され、いわゆる「コミュニティスクール」として、保護者や地域住民が参画した学校運営が行われている。例えば、あいさつ運動や基礎学力向上の取り組みを行ったり、地域の力を借りて放課後や土日の子どもたちの居場所づくりを行うなど、地域の意見をふまえた教育活動・取り組みが進んでいる。

今後の教育行政、特に学校運営を考える上で、保護者や地域の力をいかに活用するかは重要な視点である。現在、拡がりつつある学校支援地域本部（※2）などの取り組みと合わせて、保護者や地域の力を活用しつつ、教育委員会が学校をサポートできる体制を整えることができるかが鍵となってくるであろう。

第4節　教育委員会の廃止、選択制の議論

（1）地方分権、規制改革の中で

以上のように、教育委員会制度については、平成に入ってから行政の地方分権化を進める数度の改正が行われてきたが、政府機関の会議の中では「そもそも教育委員会制度は必要なのか」という議論もたびたび取り上げられてきた。教育委員会制度に疑問を唱える立場からは次のような声が聞こえる。

「教育委員会は事務局が提出する議案を追認するだけで、実質的に意思決定を行っていない」、「地域住民の意向を十分に反映していない」、「国や都道府県の示す方向性に沿うことに集中し、地域の実情に応じた施策を行う志向が必ずしも強くない」などの問題点の指摘がそれである。こうした問題意識は、「地

方分権」あるいは「規制改革」という観点からの制度改革論につながってくる。

すなわち、「地方分権」という観点からは、教育委員会を設置するか否かは各地方公共団体が選択できるようにすべきだという主張となる。また、「規制改革」という観点からは、すべての地方公共団体に教育委員会を設置しなければならないという「必置規制」を緩和して選択制とすべきだ、という主張となる。

「教育委員会を設置しない」ということは、首長から独立した行政委員会を設置するという特例をなくすことであり、一般行政と同様に首長が自ら教育行政を行うということである。現行制度のもとでは、教育行政の主な部分は教育委員会の権限に属しているものの、首長は教育委員の任命権および予算という部分で教育行政にも一部の権限を有し、責任をもっている。

また、法律上は権限が分かれているとしても、現実には首長が教育について住民から要望や陳情を受けることは少なくない。このため、一部の首長から「選挙がある首長が自ら教育行政を行った方が住民のニーズに敏感に対応できる」という声が出てくることとなる。

※2 学校支援地域本部は、学校の教育活動を支援するため、地域住民の学校支援ボランティアなどへの参加をコーディネートするものである。「地域コーディネーター」「学校支援ボランティア」「地域教育協議会」から構成される。「地域コーディネーター」は学校とボランティア、あるいはボランティア間の連絡調整などを行い、学校支援地域本部の実質的な運営を担うものである。「学校支援ボランティア」は、例えば授業の補助等の学習支援活動、登下校時の安全確保など学校のニーズに応じて様々なものがある。「地域運営協議会」は、方針について企画・立案を行なう委員会である。文部科学省では、平成20年度より学校支援地域本部事業のための予算を計上しており、平成20年度は全国867市町村において、2,176の学校支援地域本部が設置された。

(2) 教育委員会の責任体制の明確化

　平成18年に教育基本法が60年ぶりに改正され、これを受けて平成19年に関係法律の改正が行われた。その際、上記のような地方分権、規制改革の議論に加え、当時、高等学校における世界史の未履修が全国的な問題となり、それをチェックできなかった都道府県教育委員会がその責任を問われた。
　また、いじめ問題に関わる児童生徒の自殺に関して一部の市町村教育委員会が適切な対応を行わなかったことも大きな社会問題となっていた。
　そのため、地方教育行政法の大幅改正が行われた。改正のねらいは教育委員会制度の廃止や選択制ということではなく、教育委員会を必ず置くという現行制度を維持したまま、その責任体制を明確化し、教育委員会に対する信頼を確保することにあった。主な改正内容は以下のとおりである。

①教育委員会の責任体制の明確化
　教育委員会については「会議が形骸化している」、「教育委員が名誉職化している」といった批判があった。そこで、教育の基本的な方針や規則の制定・改廃、人事、予算など重要な事項は教育長に委任できないことを規定し、合議制の教育委員会が自ら責任を持って管理・執行することとした。
　また、教育委員会が効果的な教育行政を推進し、住民への説明責任を果たすため自らの活動状況の点検・評価を行い、その報告書を議会に提出し、公表することを規定した。

②教育委員会の体制の充実
　人口規模が小さい市町村教育委員会では、事務局体制が十分でない場合もある。そこで、近隣の市町村と協力して、教育委員会の共同設置や一部事務組合の活用などにより体制の整備・充実に努めることや、市町村教育委員会が指導主事の配置に努めることなどを規定した。また、教育委員が自らの重要な責任を自覚するとともに、文部科学大臣や都道府県教育委員会は委員の研修等を進めることを規定した。

③教育における地方分権の推進

教育委員会が多様な地域住民の意向を教育行政に反映できることが求められている。そのため、教育委員の数について、5人という原則のもと、都道府県、市の教育委員会は6人以上、町村の教育委員会では3人以上で組織できることとし、人数を弾力化するとともに委員の中に保護者を含めることを義務化した。

また、現在教育委員会が行っているスポーツ（学校体育を除く）、文化（文化財保護を除く）に関する事務は、条例で地域振興行政などと合わせて首長部局において一元的に所掌することもできるよう弾力化を行った。

④県費負担教職員の人事の地方分権化

県費負担教職員の人事において、市町村教育委員会の意向を一層重視するため、同一市町村内の転任については、市町村教育委員会の内申に「もとづいて」都道府県教育委員会が行うこととした。県費負担教職員の人事は、地方教育行政法第38条第1項の規定により、市町村教育委員会の内申を「まって」行うものとされている。この内申を「まって」行うとは、内申がないのに行うことは違法とされるが、内申の内容には必ずしも拘束されないことを意味する。一方、内申に「もとづき」行うとは、その内容に拘束されるものであり、同一市町村内の転任については、一定の要件に該当する場合を除き市町村教育委員会の意向が反映されることになる。

⑤教育における国の責任の果たし方

文部科学大臣が教育委員会に対して行う「是正の要求」および「指示」について規定を設けた。これは地方自治法が定める国の関与の基本原則にのっとり、教育委員会が十分に責任を果たせない場合に、憲法で保障する国民の権利を守るため、文部科学大臣が必要最小限の関与を行うものである。

⑥私立学校に関する教育行政

私立学校の所轄庁である知事部局において教育行政の充実を図るため、知事は必要と認めるときは教育委員会に対し、学校教育に関する専門的事項につい

て助言または援助を求めることができる旨の規定を設けた。

　⑤および⑥は、前述の高等学校での未履修問題やいじめに関わる自殺の問題を契機とした改正事項である。⑤は教育委員会に対する文部科学大臣の「是正の要求」や「指示」について定めたものである。⑥は未履修問題に関し、私学を担当する知事部局には教育の専門家がいない場合が多いことから、教育委員会に助言、援助を求めることができることとした。特に⑤については、地方自治を基本とする戦後の教育行政制度を一部補完するものとも言える。

　前述のように、戦後の教育制度においては、教育は国の事務ではなく地方の事務とされ、文部科学大臣は地方に対して指導、助言、援助という非権力的な関与しかできないこととされてきた。
　しかしながら、一部の教育委員会において適切な対応が行われないときに、文部科学大臣がその状況を是正するために必要な権限をもっていない状況で国の教育に対する責任を果たせるのか、という指摘があった。
　そこで、一定の要件を満たす場合に限った上で、「是正の要求」や「指示」という関与についての規定を設けた。
　ただし、地方自治全体の制度として、このような国の関与は極めて限定的にしか行えないこととされているため、今回の法改正においても要件は厳しく限定されている。この規定ができたことによって地域の個々の問題に文部科学大臣が頻繁に関与するというわけではない。

◎コラム　**地方教育行政法の改正における県費負担教職員の人事権**

　地方分権推進の中で、県費負担教職員の人事権の扱いについては、改めてその背景の説明を要する。
　前述のように、昭和31年に制定された地方教育行政法により、小中学校の教員については、身分は市町村の公務員であるが、人事と給与負担は都道府県教育委員会が

行う県費負担教職員制度となっている。これは一部の市町村には教員給与の負担が財政的に困難である場合に都道府県がその役割を補完するとともに、広く市町村を越えて人事を行うことにより、教職員の適正配置と人事交流を図り、都道府県の人事のバランスと一定の水準を確保することをねらいとした。しかしながら、人口の増加や市町村合併によって市町村の人口規模は31年当時よりもはるかに大きくなってきており、政令指定都市や、人口30万人以上の中核市といった大都市が増加してきている。

そのため、中核市など一定規模の市町村からは都道府県が持つ教職員の人事権を移譲してほしいという要望がある。特に、中核市については平成11年の地方分権一括法において教職員の研修は、都道府県ではなく中核市が行うこととされた。

その結果、中核市が自ら研修をして育てた教員が、県の人事異動により他市に異動してしまうという不都合が生じることとなり、このことが中核市が人事権移譲を求める一つの理由となっている。

一方、小規模な市町村では、中核市が人事上独立すると、県内の優秀な教員が中核市に集まり、周辺市町村では人材が確保できないという懸念を抱いている。多くの都道府県は、こうした小規模市町村に配慮して広域的な人事異動を進めてきた立場から中核市等への人事権移譲には小規模市町村と同様の懸念を抱いている。

このように人事権の移譲については関係者間の意見の隔たりが大きいことから、平成19年の地方教育行政法の改正では、人事権の移譲そのものには踏みきらず、県費負担教職員の人事において、市町村教育委員会の考えをより尊重する仕組みを導入するに止めた。

文部科学省においてはこの法改正後も、引き続き人事権移譲そのものについて検討を進めている。

第5節　教育委員会制度の今後の課題

(1) 運用の一層の改善

　以上のように法律は改正されたが、法律が改正されただけで急に教育委員会の信頼度が高まるわけではない。各教育委員会において保護者や住民の期待に応えるような運用の改善を図ることが必要である。

　教育委員会の仕事が事務局任せになり、事務局の運営がいわゆる「お役所仕事」になれば、保護者や住民の声に鈍感であるという批判を受けることになる。このため、住民の中から任命された教育委員が日常的に保護者や住民の要望や苦情の内容を把握できるようにすることが必要である。事務局が情報を整理して委員に伝えるような仕組みを導入したり、教育委員が学校現場や社会教育の現場を訪れ、保護者や地域住民と対話をする機会を設けることが一つの方法である。

　ただし、教育委員は他に職業を持っている場合が少なくないため、教育委員としての仕事に長い時間を割くことは困難である。このため、近年は定例教育委員会の他に学校等の施設訪問の機会を設けるだけでなく、定例教育委員会そのものを各地域の学校等へ出向いて行う「移動教育委員会」といった工夫も行われている。

　「教育委員の顔が見えない」という批判にも応えるかたちで、教育委員が各地を訪れることは教育行政に対する理解が深まり、教育委員自身が現場の声を

直接聞くことができるという効果もある。

(2) 教育委員に求められる役割

　一方で、近年では学校と保護者との関係がかつてとは大きく変化しており、保護者による理不尽な要求に学校が悩むことも少なくないと言われる。保護者や地域住民の様々な意見や要望があると、どこまでが正当な要求であり、どこからが理由のない要求であるかを客観的に判断する必要があるだろう。こうした場合に住民の中から識見を有する者として任命されている教育委員に期待することが適当であろう。

　米国では教育委員会の機能を「ブリッジ」であり「バッファー」であると表現される。一方で、社会の様々な要請をブリッジとして橋渡しし、他方で、不当な要求にはバッファーとして歯止めをかける、そのバランス感覚が教育委員の見識であると考えられる。

　このように教育委員が期待される役割を果たすこと、また、果たせるよう事務局がそのための運用の仕組みを整えることが求められている。しかし、根本的な問題として、そもそも任命された教育委員自身がどのような役割を果たせばよいのか迷いがある場合も少なくない。

　教育委員会は、国の審議会のように意見を述べるだけの機関ではなく、自らが執行機関であり、事務局が行うすべての業務について責任を負う立場にあるが、教育委員は非常勤であり、他に職業を持っている場合も少なくない。すべての事務を把握することは不可能であるため、教育行政の専門家である教育長に任せる部分もある。しかし、住民の意思をふまえて大局的な方針を決めるためには完全に教育長、事務局任せになってはいけない。

　各教育委員自身が、教育長や事務局に対して適切な関わり方を見いだすことができず、そのことが教育委員会の形骸化と言われる状況にもつながることがあると思われる。したがって、教育委員に期待される役割を具体的に明らかにし、行動の指針を示すことが教育委員会の改革の第一歩ではないだろうか。

◎コラム　**教育委員会の活性化**

　「教育委員会の活性化」は古くて新しい課題である。戦後、教育委員会が誕生し、昭和31年の地方教育行政法の制定を経て定着してきたが、社会や教育を取り巻く環境が変化していく中で、教育委員会の活性化の必要性がたびたび指摘されてきた。

　昭和61年の臨時教育審議会第2次答申は、教育委員会が「本来の目的と精神に立ち返り、この制度に期待されている役割と機能を正しく発揮するためには、教育委員会の権限と重い責任を再確認し、いきいきとした活動を続けている教育委員会の優れた経験を交流し合い、一部の非活性化してしまっている体質を根本的に改善していくこと」が必要であると指摘した。これを受けた文部省（当時）は「教育委員会の活性化に関する調査研究協力者会議」において検討を行い、その結果をふまえて「教育委員会の活性化について」という指導通知を発出している。また、平成10年の中央教育審議会答申「今後の地方教育行政の在り方について」においても、教育委員会活性化の必要性が指摘され、その後も教育委員会の活性化をめぐる課題がたびたび指摘されている。

　文部科学省は、「教育委員会の現状に関する調査」（平成18年度間）を行った。その結果、市町村教育委員会における教育委員会会議の運営上の工夫として、次のような例を挙げている。

　「土日・祝日の開催」4.1%、「夕方以降の時間帯の開催」9.8%、「傍聴者が多数入場できる大規模な会場での開催」5.5%、「移動（出張）教育委員会およびそれに準ずるものの開催」16.3%、「教育委員会会議の議題についての教育

委員を対象とした事前勉強会の開催」9.7％、「教育委員会会議開催前の事前資料の配布」49.8％、などとなっている。

　各教育委員会において様々な取り組みが進められている状況がうかがえる一方で、全体としてみれば必ずしも十分な水準にあるとはいえない。

　一方、合議制の教育委員会本来の役割を最大限に発揮するため、教育委員会のあり方そのものを改革し、様々な取り組みを進めている教育委員会もある。

　文部科学省が発行する「教育委員会月報（平成20年12月号）」は、「教育委員会の活性化に向けて」というタイトルで宮崎市教育委員会の取り組みを紹介している。これによれば、①教育委員が各学校の状況を十分に把握できていない、②教育委員会会議での議題について、事前に十分な情報がなく議論が深まらない、③教育委員の研修の機会が十分でない、などの課題が認識されていた。

　そこで、宮崎市教育委員会は、平成19年1月に「宮崎市教育委員会改革プラン」を策定し、教育委員会の活性化に向けて様々な取り組みを総合的に進めている。このプランにもとづく取り組みには例えば次のようなものがある。

①教育委員による市内小中学校全校の訪問
　改革プランの策定以前にも、教育委員による学校訪問は行われていたがすべての学校を訪問するまでには至っていなかったため、教育委員が市内のすべての小中学校を訪問することとした。これにより、各学校の実情を委員自らが認識することによって、その後の教育委員会の審議がより学校の実態に即したものとなった。また、この全校訪問は年度が始まる前の期間に集中的に行われ、新年度からの学校運営や施策の立案に生かされている。

②移動教育委員会の開催
　宮崎市では、平成18年1月に近隣3町との合併が行われたこともあり、旧町域のそれぞれの地域で移動教育委員会を開催することとし、教育委員会をより住民に開かれたものとした。同時に、その地域の代表者等と教育委員との意見交換会を実施し、それぞれの地域の課題についての認識を深めた。

③教育委員への事前説明の徹底
　定例の教育委員会の開催日の少なくとも1週間前までには、議案に関する資料を教育委員に送付し、各委員が事前に議案の内容を十分に理解した上で教育委員会に出席することとした。これにより、教育委員会での審議が一層活発となり、充実したものとなった。また、各委員も質問等がある場合には、事前に事務局に質問することができるようになった。

　その後、平成20年度においても、平成19年度の取り組みをさらに進めており、例えば、教育委員と教職員との意見交換会の実施、ホームページによる教育委員会の開催日時や議事概要の積極的な公開などが行われている。
　このように、教育委員会の活性化は現行制度のもとでも、教育委員自身や事務局の意識改革により、様々な取り組みが可能であり、これにより教育委員会制度に本来期待されている役割を十分に発揮することができる。全国すべての教育委員会でこのような取り組みが進められていくことが期待される。

演習問題

(1) 教育委員会制度は、戦前の教育行政の反省にたって創設されたものであるが、戦後60年以上が経過した現在にあって、教育委員会制度が持つ今日的意義とはどのようなものか。

(2) 地方公共団体における行政の一体性や、地方分権の観点から、教育委員会制度を廃止し、首長が一元的に教育行政を担うべきとの主張があるが、このような考え方についてどのように考えるか。

第7章——教育財政と教育費

　我が国の教育財政の国際比較の数字は、先進国の中でも低位にある。しかし、明治以降の近代化の過程で、国が講じた財政支援が重要な役割を演じたことは歴史的に明らかである。教育財政の問題は単にその額だけではなく、学校を始めとする教育機関の隅々にまで効果的、確実に行き届かせる血管や活用できる人材など、教育制度全般をとおして検討されるべきである。

　こうした観点から教育財政の歴史的変遷、現行制度、教育費負担について主要な事項を解説する。

　さらに、国債発行残高の高騰など厳しい財政事情のもとで、教育投資の効果と今後の展望にも論究した。

第1節　日本の教育財政制度の展開

(1) 近代教育財政の展開

　明治5年の学制においては全国を8大学区に分け、各大学区を32中学区に、各中学区を210小学区に分け、各中学区に中学校1校を、各小学区に小学校1校を設けることとし、その費用は各学区で責任を持つことが基本とされた。また、「教育ノ設ハ人々自ラ其身ヲ立ルノ基」であるとの考え方から、「受業料」を納入することとされた（※1）。

　このように、我が国の場合、学校教育費の負担については、近代学校制度発足当初から、設置者負担、受益者としての個人負担の考え方が濃厚であった。学制の基準では、全国に5万校以上の小学校を作らなければならない計算になるが、そこまで行かないまでも、明治6年までに1万2千校、8年までにほぼ現在の水準である約2万4千校の小学校が創設された。

　これらの学校は、基本的にそれぞれの地域の人々の力で設立され、運営された。京都の町衆が中心となり、「竈金」の仕組みによって資金を集め、学制に先駆けて学校を設置した故事はよく知られている。ちなみに、「授業料」を決めて学生から徴収するというのは、政府の学制に先立つ1868年、慶応義塾における福沢諭吉の発明だと言われている。

　その後、明治33年、市町村立小学校教育費国庫補助法により、教員俸給の国庫補助が制度化され、義務教育無償化措置が講じられた。さらに大正7年には、市町村義務教育費国庫負担法が制定されるなど、国費による教育費負担・助成制度も逐次充実されていった。

　戦後の教育改革により、戦禍による荒廃の中で全国一斉に小学校・中学校9年間の義務教育が導入された際にも、地域の教育に対する熱意に支えられて校

舎建設などが進められた。ドッジ・プランのもとで、国の昭和24年度校舎新築費補助金が全額カットされ、山梨県巨摩郡睦沢村では予定していた中学校校舎建築のための予算が確保できず、当時の飯沼国行村長が自殺するという事件が起きた。しかし同年末、地域の人々の寄付などにより校舎は無事落成している。

　国でも努力が続けられてきた。少し長くなるが、以下に引用するのは昭和22年03月20日、最後の帝国議会である第92回帝国議会衆議院本会議における椎熊三郎教育基本法案委員会委員長の報告の一節である。

　　以上は、質疑内容のあらましでございますが、私、本委員會を通じまして、實に委員諸君の熱心なる態度、政府當局の真摯なる答辯の要旨につき、特に諸君に御報告申し上げておきたい點がございます。それは昨日の委員會におきまして、社會黨永井勝次郎君よりの熱心な質疑がございましたが、その要點は、今六・三制を實施いたしますとしても、殊に國民學校の兒童に對する設備、學用品、教科書等、はなはだ心もとないものがあるが、文部當局においては、これらについていかなる施策があるかという、つつこんだ專門的の御質問でございました。これに對して日高學校教育局長は、文部省の考えている一切を、率直に腹の中を打明けまして、そうして真摯なる態度をもって御答辯せられましたが、その際日高局長は、敗戰後の日本の現狀──戰爭を放棄したる日本は、文化國家建設のために、教育の徹底的な刷新改革がなされなければならない、しかも次代の日本を擔當すべき青少年に對する期待は絶大である、しかるにこの子供らに對して教科書も與えることのできないという今日の狀況は、まことに遺憾千萬であるとの意味を漏らされたのでありますが、中途におきまして、局長は言葉が詰まりまして、涙滂沱として下り、遂に發言する能わず、最後には聲をあげて泣きました。この狀況は、委員長初め各委員にも影響せられまして、（拍手）委員會は、そのために約五分間一言も發する者なく、寂として聲なき狀況でありました。熱涙のもとに日本再建を考えたるこの學校教育法案の審議は、まさに將來文化日本建設のために、しかも將來の青少年のために期待をかけたるこの熱意のほとばしりがこの委員會に現われまして、この狀況は、委員會としてはまさに類例なきものであつたと、私は特に御

報告申し上げたい。(拍手)

現在の我が国の教育財政は、これら先人の努力の積み重ねの上に構築されている。

(2) 教育財政

財政とは、政府が政策の実施に必要な経費を確保し、管理・執行する過程をいう。財政は、法制度やその運用を裏打ちすることによって政策の実現を保障するものであり、政策の執行過程と一体不可分のものである。したがって、政策の基礎にある哲学や、政府としてのプライオリティーは、そのレトリックよりも、予算・決算に最も端的に表れる。

歳入・歳出の仕組みからみれば、通常、政策領域ごとに財政が存在するわけではない。したがって、あえて教育財政という概念を立てる場合は、教育政策を、経済政策や社会政策の単なる一領域としてではなく、他の政策領域から一定の独立性のあるものとして考える考え方(※2)に立つことを意味する(市川、1983、堀内・小松、1987)。

財政を考える際には、歳入と歳出、予算と決算を総合的にみる必要がある。また、特に初等中等教育財政を考える際には、国の財政と都道府県・市町村の財政を総合的に考えることが重要である。

※1 ただし「人民ノ智ヲ開クコト」が急務であり、一切を民費で賄える状況にないことから、官費による補助は必要であり、これは「民ノ及ハサルモノヲ助クルニアリ」とされた。
※2 法律による行政、教育行政における地方自治、一般行政からの独立性を、教育行政の三原則という(木田・市川、1986)。

第2節　教育予算の現状

(1) 国の教育予算

　国の予算は一般会計予算、特別会計予算、財政投融資計画などからなるが、平成21年度一般会計予算のうち、文教・科学振興費は約5.3兆円である。このうち初等中等教育関係予算は約2兆円となっている。

学校の人的体制整備
　①義務教育費国庫負担金
　国は、毎年度、各都道府県ごとに、公立の義務教育諸学校に要する経費のうち、教職員の給与費について、その実支出額の3分の1を負担する（義務教育費国庫負担法第2条、※3）。
　この制度は、「公立義務教育諸学校の学級編制及び教職員定数の標準に関する法律」（いわゆる「義務標準法」）にもとづく教職員定数の確保・改善と地域格差の解消に大きな役割を果たしてきた。また、いわゆる県費負担教職員制度のもとで、都道府県教育委員会による一括採用、広域人事を裏打ちし、「学校教育の水準の維持向上のための義務教育諸学校の教育職員の人材確保に関する特別措置法」（いわゆる「人材確保法」）と相まって、質の高い教員の確保する

※3　昭和28年の同法施行以来、1／2負担とされてきたが、いわゆる「三位一体の改革」により、平成18年度から、負担率が1／2から1／3に引き下げられた。残りの2／3に相当する額は、地方交付税交付金の算定の基礎に盛り込まれているため、理論上は基本的に全額について財源が確保される仕組みとなっている。

初等中等教育関係の主な予算

	21年度	22年度予算案
学校の人的体制整備	1,675,711	1,617,383
義務教育費国庫負担金	1,648,250	1,593,767
退職教員等外部人材活用事業	5,795	2,760
在外教育施設教員派遣	21,666	20,856
学校・家庭・地域の連携協力（*1）	14,261	13,093
学校施設設備整備（*2）	105,677	103,748
公立学校施設整備費負担金	29,935	24,800
安全・安心な学校づくり交付金	75,068	78,354
首都圏近郊整備地帯等事業補助率	80	0
公立学校施設災害復旧	594	594
義務教育教科書購入費	39,429	39,533
就学援助	29,096	422,709
高等学校等就学支援金	0	393,269
へき地児童生徒援助費等補助	960	935
要保護児童生徒就学援助	632	617
特別支援教育就学奨励費	7,107	7,471
幼稚園就園奨励費補助	20,397	20,417
教育改革支援	13,834	8,387
モデル事業・委託調査費	5,983	1,539
全国的な学力調査	5,695	3,290
教員免許更新制	1,068	469
その他（*3）	7,071	4,628
私学振興	107,985	103,228
私立高等学校経常費助成費等補助	103,850	99,850
私立高等学校等の施設整備費に対する補助	2,038	1,700
私立高等学校等IT教育設備整備推進事業	1,000	800
私立幼稚園施設整備費補助	1,097	878
（計）	1,985,993	2,308,081

*1 スクールカウンセラー、スクールソーシャルワーカー、帰国・外国人児童生徒受入促進事業、学校支援地域本部事業、放課後子ども教室など。
*2 この他、沖縄分9,888百万円（22年度11,982百万円）を内閣府予算として計上。
*3 理科教育設備、道徳教育、英語教育、特別支援教育総合研究所等経費。

システムを支えてきたと考えられる。

②学校の人的体制整備に関するその他の予算
　この他、近年、退職教員や地域のスペシャリストなど外部人材の活用、スクールカウンセラーやスクールソーシャルワーカー、英語指導助手などの配置のための予算措置が講じられている。これらは、学校が従来の基本的に教員によって担われるという形から、多様な専門人材のチームによって運営されるという形に移行していくことを促すものということができる。
　さらに、学校支援地域本部事業として、地域ぐるみで学校を支える体制の整備が進められている。これは見方を変えれば、学校を中心として地域ぐるみで子どもの育ちを支える基盤づくりということもできる。

学校施設・設備
①学校施設整備に関する助成制度
　学校施設は、基本的な教育環境として重要な意義を持つだけでなく、地震などの災害発生時には地域住民の応急避難場所としての役割をも果たす。学校施設の整備についても、明治以来、「設置者負担主義」の原則が取られてきたが、戦後、戦災復旧や新制中学校の校舎整備の必要などから、国庫負担制度が強く求められた。このため、昭和24年から公立学校施設の実態調査が行われ、その結果をふまえ、28年に公立学校施設費国庫負担法および危険校舎改築促進臨時措置法、33年には義務教育諸学校施設費国庫負担法が制定された。
　その後、様々な変遷を経て、今日では公立義務教育諸学校の施設費については、国からの負担金および「安全・安心な学校づくり交付金」と地方交付税交付金、高等学校については地方交付税交付金制度を活用しつつ、各学校の設置自治体において確保することとされている。
　また、私立学校の施設整備費についても、補助制度や貸付金制度が設けられている。

②公立学校施設整備の現状
　公立学校施設の多くは、昭和40年代から50年代の児童生徒急増期に建築され

たもので、学校施設の老朽化対策は重要な課題となっている。また、平成20年4月に実施した文部科学省の調査によると、震度6以上の大規模地震で倒壊の恐れのある小中学校は全国に約1万棟と推計され、耐震化の推進も緊急の課題となっていた。

このため、地方自治体の財政の逼迫も考慮して「地震防災対策特別措置法」が改正され、今後3年間、公立小中学校などの耐震補強工事の国庫補助率が1／2から2／3に、改築工事については1／3から1／2に引き上げられた。さらに、平成21（2009）年の3次にわたる補正予算により、学校施設の耐震化が大きく加速されることになった。

③設備整備・教材費

設備費についても、昭和20年代以降さまざまな助成措置が講じられてきた。また、教材費については、国庫負担制度の対象とされてきた。しかし、これらの補助金・負担金については、地方分権の観点から、逐次縮小ないし一般財源化（地方交付税交付金の基準財政需要という形での措置）が進められてきた。その結果、設備や教材の整備水準の地域差が拡大している。平成21年度予算においては、理科設備や、小学校英語の導入など学習指導要領改訂に伴い必要となる経費、さらに学校ICT化を進めるための経費などにかかる予算が措置されている。

義務教育教科書購入費

義務教育教科書は無償とされている（※4）。国は、毎年これに要する経費約400億円を措置している。

これに対し、受益者負担の観点から、特に経済的に困窮している家庭の子どもたち以外は無償にする必要はないのではないか、あるいは、少なくとも一部

※4 ただし、憲法第26条の義務教育無償は授業料の無償をいい、教科書無償は立法政策とされている。教育基本法第5条第4項、義務教育諸学校の教科用図書の無償に関する法律（昭和37年3月31日法律第60号）、最高裁昭和39年2月26日判決）

の教科については無償貸与制にした方が充実した内容の教科書が作れるのではないか、などの指摘もある（※5）。しかし、教科書無償制度は、いわゆる広域採択制度（※6）、さらには教科書検定制度を財政的に支えているものである。また、教科書の内容や体裁は、授業の進め方や子どもたちの学習の仕方に大きな影響を与えるものであるが、給与制をとるのと、貸与制をとるのとでは、教科書の態様に大きな違いが出てくると考えられる。教育論に立った慎重な検討が必要である。

就学援助

学校教育法では、「経済的理由によつて、就学困難と認められる学齢児童又は学齢生徒の保護者に対しては、市町村は、必要な援助を与えなければならない。」（同法第19条）とされている。

国は、市町村が実施する就学援助事業のうち、要保護者（生活保護法第6条第2項に規定する要保護者）に対して行う事業に要する経費について補助を行っている（※7）。補助対象は学用品費、通学費、修学旅行費、校外活動費、医療費、学校給食費などである。

なお、準要保護者（市町村教育委員会が生活保護法第6条第2項に規定する要保護者に準ずる程度に困窮していると認める者）に対して行う事業に要する経費の補助については、平成17年度より、国の補助は廃止され、市町村に税源移譲された。

このほか、特別支援学校への就学奨励費（※8）や幼稚園就園奨励費に対する補助が行われている。平成22年度からは、高等学校段階についても、授業料の無償化措置が講じられることとなった。

私学助成

私学助成については、昭和45年度に私立大学等経常費補助金が創設された。また、高等学校以下の私立学校に対しても、都道府県において経常費補助が行えるよう、地方交付税により都道府県に対する財源措置が講じられるようになり、50年度には、私立高等学校等経常費助成費補助金が創設された。さらに、昭和50年7月には、議員立法により私立学校振興助成法が制定された。

私立学校に対する補助については、憲法89条（※9）との関係が問題とされたが、この法律は、私学振興助成についての国の基本的姿勢と財政援助の基本的方向を明らかにしたものである。

このほか、学校法人に対する税制上の優遇などの措置も講じられている（p.195）。

その他の教育予算

この他、国の主な予算措置としては、全国的な学力・学習状況調査の実施のための経費、教員免許更新制の円滑な実施に要する経費、各種のモデル事業や委託調査に要する経費などがある。特に、地方分権の考え方を基本に、全国一律に規制したり、補助金により誘導するという手法よりも、現場の裁量を生かす観点から、モデル事業等により成功事例を作り出し、これを全国に普及するという手法が、教育の改善を促進するための基本的な手法となっている。

地方交付税交付金

地方交付税交付金の平成21年度当初予算額は、約18.7兆円となっている。地

※5 「歳出・歳入一体改革に向けた基本的考え方について」（平成18年6月14日財政制度等審議会建議）等
※6 義務教育諸学校の教科用図書の無償措置に関する法律（昭和38年12月21日法律第182号）
※7 就学困難な児童および生徒にかかる就学奨励についての国の援助に関する法律（昭和31年3月30日法律第40号）
※8 特別支援学校への就学奨励に関する法律（昭和29年6月1日法律第144号）
※9 同条は「公金その他の公の財産は、宗教上の組織若しくは団体の使用、便益若しくは維持のため、又は公の支配に属しない慈善、教育若しくは博愛の事業に対し、これを支出し、又はその利用に供してはならない」と規定している（下線筆者）。学校法人の設置する私立学校は、学校教育法、私立学校法等の法規制のもとにあることから、「公の支配」に属する事業と解されている。

方交付税制度の概要は章末の参考資料のとおりである。

(2) 地方教育費

　地方公共団体における教育予算は、税収などの自主財源と地方交付税交付金、国からの補助金、負担金等で賄われる。平成18年度に支出された地方教育費総額は16兆6,655億円であり、前年度より3,292億円（1.9%）減少している。このうち、学校教育費は約14兆円で総額の83.0%、社会教育費は約2兆円（11.2%）、教育行政費は約1兆円（5.9%）となっている。

　学校種類別にそれぞれの支出額をみると、小学校が6兆2,862億円（学校教育費に占める割合45.5%）と最も多く、次いで中学校が3兆4,332億円（同24.8%）、高等学校（全日制課程）が2兆7,380億円（同19.8%）となっている。

　学校種類別に在学者一人当たりの学校教育費をみると、小学校では88万9千円、中学校103万4千円、高等学校（全日制課程）116万9千円である。最も多いのは、盲・聾・養護学校の858万7千円で、次いで高等専門学校の214万6千円、高等学校（定時制課程）の170万8千円の順となっている。近年増加傾向にあった中学校も減少に転じ、小学校は昨年に引き続き減少している。

　支出項目別に学校教育費をみると、消費的支出が11兆6,191億円（学校教育費に占める割合84.0%）と最も多く、次いで資本的支出が1兆2,209億円（同8.8%）、債務償還費が9,861億円（同7.1%）となっている。消費的支出の内訳をみると、「教員給与」が6兆7,199億円（同48.6%）となっている。

　なお、高等学校奨学金事業については、現在、日本学生支援機構（旧日本育英会）から都道府県への移管が長期計画のもとに進められている。

第3節　教育関係税制

(1) 私立学校（学校法人）に関する優遇措置

　学校法人の非収益事業については、法人税は非課税となっている。収益事業についても、①収益事業の範囲の縮小（医療保健業、技芸教授業等の非課税）、②軽減税率（22％）の適用、③みなし寄付（当該事業年度所得の50％まで損金算入）などの優遇措置が講じられている。
　また、教育用固定資産については、固定資産税は非課税とされている。

(2) 寄付に関する優遇措置

　日本私立学校振興・共済事業団を通じた学校法人に対する寄付については、所得税や法人税の算定にあたって指定寄付金として、個人については寄付金額のうち5千円を超える額（所得の40％を限度）を所得から控除、法人については、寄付金の全額を損金算入できることとされている。
　また、個別学校法人に直接寄付された場合でも個人については指定寄付金と同等の所得控除、法人の場合も通常の寄付の場合の倍の損金算入枠が認められている。さらに、相続または遺贈により財産を取得した者が、取得後一定期間に学校法人等に財産を寄付した場合は、当該財産について相続税は課税されない。

(3) 教育費負担の軽減措置

16歳以上23歳未満の扶養親族があるときは、所得税の場合63万円（16歳未満の場合38万円）、住民税の場合45万円（16歳未満の場合33万円）が所得から控除される。勤労学生についても一定の条件のもとに所得控除制度がある。授業料、入学金、入学検定料等については、消費税は課税されない。

また、奨学金については、所得税は課税されない。扶養義務者からの教育費に当てるための贈与については、贈与税は課税されない。

第4節　教育に対する公財政支出と教育費負担

(1) 教育費負担の現状

公財政支出教育費

平成17（2005）年の日本の教育機関に対する公財政支出の対GDP比は3.4％、前年と比較して0.1％低下し、OECD加盟国の28か国中最低となった。

家計負担

教育機関に対する教育支出の私費負担割合をみると、初等中等教育においてはOECD平均と同程度であるが、就学前教育および高等教育においてそれぞれ55.7％、66.3％とOECD平均と比較して極めて高い割合となっている。特に、家計負担がそれぞれ38.4％、53.4％と突出しており、教育支出全体の中で大きな割合を占めている。

(2) 教育費に関するいくつかの論点

教育費は誰が負担すべきか

欧米では伝統的に、公教育は個人の選択により購入するサービスというより社会にとって必要な事業との考え方が強く、また権利として政府が保障する観

教育機関への公財政支出の対GDP比（全教育段階）（2005年）

OECD各国平均5.0%

日本 3.4

アイスランド、デンマーク、スウェーデン、フィンランド、ベルギー、ノルウェー、スイス、フランス、ポーランド、メキシコ、ポルトガル、ニュージーランド、オーストリア、ハンガリー、イギリス、アメリカ合衆国、カナダ、オランダ、韓国、アイルランド、オーストラリア、イタリア、ドイツ、スペイン、チェコ共和国、ギリシャ、スロバキア共和国、日本

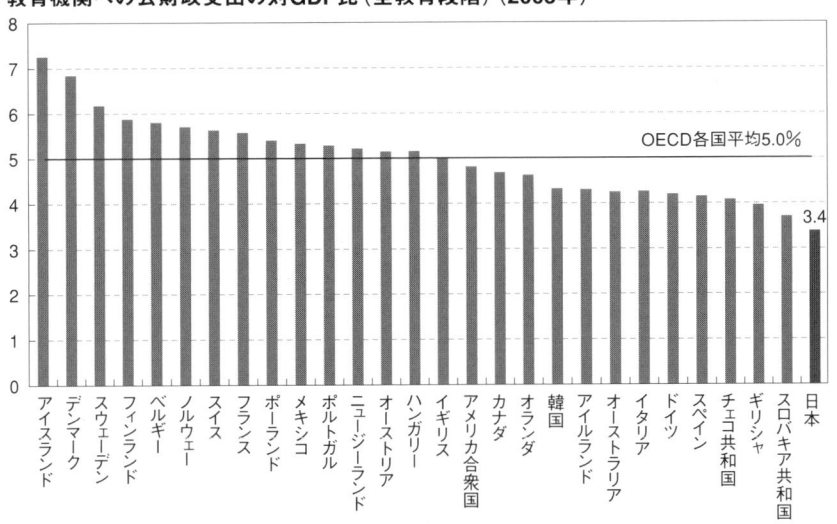

教育機関への教育支出の公私負担割合（全教育段階）（2005年）

凡例：
- 私費負担合計
- その他の私的部門
- 家計負担
- 公財政

フィンランド、スウェーデン、ベルギー、ギリシャ、アイルランド、ポルトガル、デンマーク、オーストリア、オランダ、ハンガリー、アイスランド、フランス、ポーランド、イタリア、スペイン、チェコ共和国、OECD各国平均、スロバキア共和国、ドイツ、メキシコ、ニュージーランド、イギリス、カナダ、オーストラリア、日本、アメリカ合衆国、韓国

主な数値：85.5、14.5、68.6、22.0、9.3

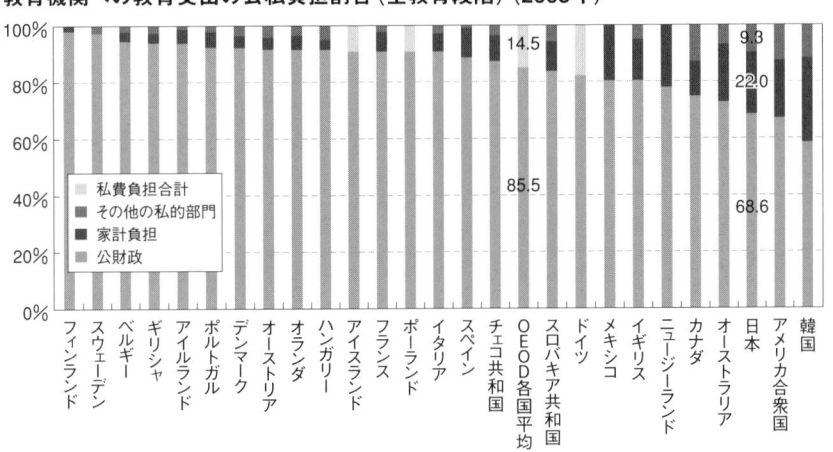

教育機関への教育支出の公私負担割合（就学前教育）(2005年)

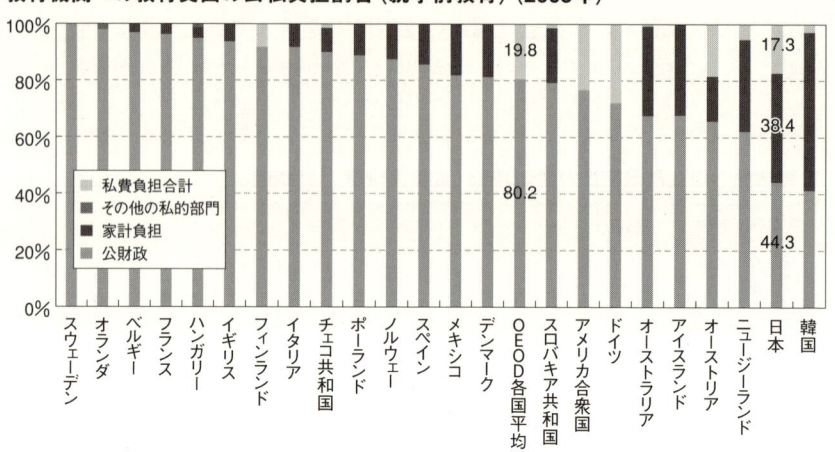

（グラフ：スウェーデン、オランダ、ベルギー、フランス、ハンガリー、イギリス、フィンランド、イタリア、チェコ共和国、ポーランド、ノルウェー、スペイン、メキシコ、デンマーク、OECD各国平均、スロバキア共和国、アメリカ合衆国、ドイツ、オーストラリア、アイスランド、オーストリア、ニュージーランド、日本、韓国）

OECD各国平均：公財政 80.2、私費負担合計 19.8
日本：公財政 44.3、家計負担 38.4、私費負担合計 17.3

教育機関への教育支出の公私負担割合（初等中等教育）(2005年)

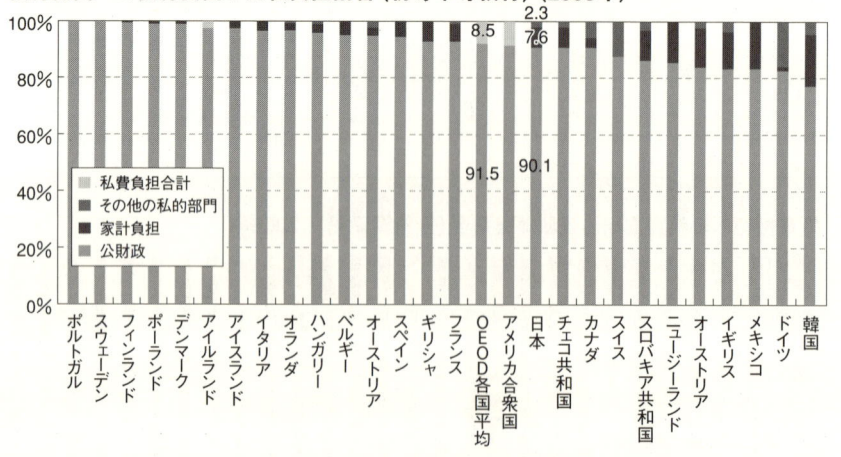

（グラフ：ポルトガル、スウェーデン、フィンランド、ポーランド、デンマーク、アイルランド、アイスランド、イタリア、オランダ、ハンガリー、ベルギー、オーストリア、スペイン、ギリシャ、フランス、OECD各国平均、アメリカ合衆国、日本、チェコ共和国、カナダ、スイス、スロバキア共和国、ニュージーランド、オーストリア、イギリス、メキシコ、ドイツ、韓国）

OECD各国平均：公財政 91.5、私費負担合計 8.5
日本：公財政 90.1、家計負担 7.6、その他 2.3

※以上、データは『図表でみる教育OECDインディケータ（2008年版）』(http://www.oecd.org/edu/eag2008)
および文部科学省HP (http://www.mext.go.jp/b_menu/toukei/002/08092602.htm)

点から無償（社会全体で費用負担）が原則であるが、近年、特に高等教育段階では授業料を徴収する動きが広がってきている。さらに奨学金制度も充実している。

また米国などでは、私立学校は宗教教育、エリート教育などの観点からの少数だが有力オプションとなっている。私立学校側からは、私立学校の生徒の保護者は税金と授業料の二重払いになっているとの主張もある。

日本では義務教育以外は公立学校でも授業料を徴収しているが、これは幼稚園や高等学校教育は希望者に対するサービスの一種であり、「受益者」としての家計もその費用の一部を負担すべきとの考え方に立っている（※10）からである。私立学校も高等学校で3割、幼稚園では8割におよぶ。中国や韓国でも同様に、個人の受益を強く意識する傾向にあると言われ、欧米の伝統的な考え方と対照的である。

教育費の家計負担のあり方を考える視点

①機会均等の視点

憲法第26条は「すべて国民は、法律の定めるところにより、その能力に応じて、ひとしく教育を受ける権利を有する」と規定している。しかし、大学教育について見ると、進学率は所得階層間で相当大きな開きが見られる。東京大学大学経営・政策研究センターが平成17（2005）年に行った調査によると、卒業後4年制大学に進学を予定していると答えた世帯の割合は、所得が1,000万円超の層では62.4％であるのに対し、所得400万円以下の層では31.4％にとどまっている（※11）。また、都道府県別に見た大学進学率も、かなりの差がある（平成19年度学校基本調査によれば、京都府63.0％、東京都61.4％に対し、岩手県37.5％、沖縄県33.5％）。

これは、大学進学のための授業料や下宿代の負担の問題もあるが、初等中等

※10 平成22年度からの高等学校の「無償化」措置については、義務教育の無償措置とは考え方が異なると思われる。

※11 東京大学大学経営・政策研究センター「高校生の進路追跡調査第1次報告書」（2007年9月）

教育の段階から教育機会に差があることの結果であるとの見解もある（小林、2009）。

②格差社会の視点

憲法第14条は「すべて国民は、法の下に平等であって、人種、信条、性別、社会的身分又は門地により、政治的、経済的又は社会的関係において、差別されない」と規定している。教育の機会均等はその重要な一部であるが、教育を通じて規定される社会経済的な側面についても考慮が必要である。

教育は、社会階層の垂直移動のための重要な手段であるが、教育費負担が大きい場合には、教育が社会階層を固定化する方向に作用することも考えられる。格差が固定化すると、社会の活力が失われ、不安定化するなど様々な負の効果が生じる（Krugman、2007）。

③教育改革の視点

例えば、体験学習や英語教育を導入しようとする場合、そのために必要な予算措置（旅費や教材費、協力者への謝金など）が行われなければ、学校は必要経費の負担を本人またはその保護者に求めるか、実施をあきらめるしかない。

教育の質の向上を図る必要性が説かれる場合、教える内容・方法の（お金をかけない）工夫や教師の力量、使命感などが問題とされ、経費面の議論が置き去りにされることが多い。しかし、教育改革を求める場合には、そのためにどれだけの費用が発生し、それを誰が負担するかなど、その実施に必要な財政的な側面について十分検討されなければならない。「お金をかければいい教育ができるとは限らないが、いい教育にはお金がかかる」という単純な命題が、その時々の雰囲気次第で肯定されたり否定されたりする状況について、検証が必要である。

④少子化対策の視点

各種の世論調査などによれば、教育費負担の大きさが少子化傾向を助長する極めて大きな要因になっていることは明らかである。

少子高齢化が進むことが見込まれる中で、出生率の低下を防ぐとともに、数

の少ない子どもたち世代を、より生産性の高い、将来の税収や社会保障給付を支えることのできる世代に育てていくことが重要である。その意味では、教育費負担軽減だけでなく、一人ひとりを大切にし、その可能性を最大限伸ばす教育の質の向上、公教育に対する信頼確立のための施策全体が、広い意味で少子化社会対策であるということができる。

⑤社会保障の視点

教育予算だけでなく、社会保障予算の中でも日本の子ども関係予算は国際的にみて少ない。これは、我が国の場合これまで家庭基盤が比較的安定しており、家庭における子育ての機能が維持されてきたこと、若年失業率が極めて低かったことなどによるところが大きいと考えられる。

しかし、このような条件は次第に崩れつつある。家庭も企業も、従来のような余力はなくなってきており、人生前半期の教育を含めた広い意味での社会保障の充実が重要な課題となっている（広井、2006）。

⑥財政の視点（給付と負担の関係や投資効果）

他の条件が一定であると仮定して、教育費負担を軽減するのであれば、そのための税負担を増やさざるを得ない。マクロでみれば結局、家計としては教育費として負担するか、税として負担するかの違いだけのように見えるが、実際には税を負担する家計と教育費を負担する家計は必ずしも同一ではない。したがって、税金を上げて教育費負担を軽減すれば、担税力のある家計から教育費負担の大きい家計への所得再配分が起きることになる。

また、教育費負担の軽減のための公財政投資を増やしても、家計が負担していた教育費が税で肩代わりされるというだけで、社会全体として教育によるアウトカムの総量は変わらないのではないか、つまり投資効果はほとんどないのではないか。第一に、教育費負担の軽減が少子化対策として効果があるとすれば、子どもの数が増える。第二に、従来進学をあきらめていた層が進学するとすると、その意味でも、社会全体として学習量は増える（※12）。したがって、教育の質が一定であれば、教育費負担を軽減することにより、社会全体の知的ストックは増加する。

知的ストックが増えれば、経済成長が促され、税収が伸び、社会保障費が減少する（伸びが抑制される）。もっとも、同じ予算を教育サービスの質の向上のために投資するのと、家計負担軽減のために投資するのとでは、どちらがより大きな効果を生むか、あるいはどういうバランスが望ましいか、という問題は別途検討が必要である。

⑦学校外教育費

　我が国では、塾や家庭教師、お稽古事など学校外教育費も高い水準にある。これらの教育機会に対するアクセスは、保護者の所得水準に依存している。

　学校外教育費には様々なものが含まれるため、家計が学校外教育費を支払う理由も様々であるが、「公立学校に預けておくだけでは十分でない」と考えていることがその一因になっていることは否定できない。言い換えれば、公立学校における教育を充実することは、家計の学校外教育費負担を軽減するという効果を持つと考えることができる。

　また、学校外教育費は、裕福な家計の方がより多く支出することができると考えられるから、より多くの学校外教育費→より高い学歴（あるいは学力）→より多くの所得、という因果関係があるとすると、この経路を通じて所得格差が再生産されることになる。

※12 市場経済のアナロジーで言えば、教育には外部経済効果があると考えられるから、それに見合う公的支援が行われないと、社会的に望ましい教育サービスの需給均衡が実現しないことになる。また、一定の公的支援によって、家計からより多くの教育費支出を引き出すことも考えられる。例えば、経済的理由で進学をあきらめる場合と、一定の奨学金が得られることにより進学を希望することとした場合とでは、家計の支出する教育費は、後者の方が多くなると考えられるから、社会全体としての教育投資の増加額（結果として実現される社会的便益の量）は、公的支出の増加額（に見合う社会的便益の量）より多くなる。

第5節　日本の財政と今後の展望

(1) 日本の財政

　平成21年度当初予算における歳出は約88.5兆円である。このうち、国債費が約20兆円、地方交付税交付金が約16.5兆円を占め、一般歳出は約52兆円となっている。これを賄う税収は55兆円強であり、歳入全体の37.6％に当たる33兆円強を公債金に依存している。このような状況は平成10年代を通じて継続しており、その結果、平成21年度末の公債残高は約581兆円（GDPの1.14倍）と見込まれている。

　このため、平成18年以降、2010年代初頭にまず基礎的財政収支（いわゆるプライマリーバランス）（※13）を黒字化することを目標に、歳入・歳出一体改革を目指すこととされた。しかし、平成20年以降の世界同時不況の影響もあり、逆に大型補正予算を緊急経済対策として組まなければならない状況にあり、この目標の達成は困難との見方が強まっている。

(2) 教育投資の効果と今後の展望

　教育投資は、①個人の能力を高めるだけでなく、②生産性の低い部門から高

※13　基礎的財政収支（プライマリーバランス）とは、歳出総額から国債費（借入に対する元利払いに充てる経費）を除いたものと、歳入総額から公債金収入（借入収入）を除いた税収などによる歳入とを比較した収支のこと。

い部門への労働力のシフトを促進するとともに、③知識を生産し技術革新を生み出す能力を高めることを通じて生産性を向上し、経済成長を促す。このことは、税収増という形の社会的収益も生む。

他方、①経済的に自立できない人が減り、生活保護費が減少する、②健康や衛生に関する意識が高まり、医療費が節減できる、③さらに、いわゆる社会関係資本（※14）が蓄積されることから、より安全・安心で効率的な社会が実現するなどの社会的成果（Social Outcome of Learning、SOL）を生む（OECD、2007）。

これらの結果、財政支出の削減が期待できる。例えば、犯罪被害や矯正教育、紛争解決、災害対策などのコストの低減が可能になる。このように、経済政策、社会保障政策の文脈からも、教育投資の充実を重要な柱として位置づけることが必要である。これらを含めた実質的な社会的収益率は、見かけの税収増のみを考慮した単純なモデルによる収益率を大幅に上回ると考えられる。

上述のような財政事情のもとでは、当面の基礎的財政収支黒字化を目指すなら、教育費のみならず、あらゆる歳出を極力削減することになろう。しかし、基礎的財政収支が黒字化すればそれで問題が解決するわけではない。その後、膨大な累積債務を削減していくという長い長い道のりが続くのである。その間、教育予算を切り詰め続けていくとすれば、経済成長を支える人材の供給が枯渇してしまうことは不可避である。

先に、我が国の政府教育支出が少ないということを見たが、これはいわばフローの話であって、この国は、これまでこの少ない教育投資水準で百数十年を経過してきたのである。その間のストックの彼我の差は想像を絶するものがある。それにもかかわらず、この国が人材で世界と勝負してこられたのは、家計や地域社会が学校教育を支えてきたからである。しかし、それも限界に達しつつある。

むしろ、中長期で考えれば、教育投資の社会的収益率は十分高いから、借金をしてでも教育予算を増やせば、将来より多くの税収が見込まれる一方、社会保障などの歳出抑制効果が期待できる。言い換えれば、今教育のために予算を増やすことではなく、むしろ今教育に投資しないことが、将来世代につけを回すことになるということができる。

中長期の展望に立った、思いきった教育投資が期待される。

◎コラム　**新しい学校づくり**

　あらゆる生物は、環境の中で一定の生態系を構成して生きている。世の中のいろいろな制度も同じことで、どんな制度も他の制度と無関係に独立して存在することはできない。そして、様々な生物が進化するように、制度も進化する。

　地層中の化石の研究によると、基本的な形態があまり変化しないで安定している状態が続いた後、新しい形態を持つ化石がある地層に突然現れ、その後形態が再び安定すると、またあまり変化しない時期が長く続く、という傾向があるという。環境が大きく変化するときにはそれまで安定していた生態系が崩れ、いろいろな遺伝的変異などの中から、新しい環境に最も適応する形態が残り、新しい安定期を迎えるということだろう。

　さまざまな社会システムの変化をこのようなプロセスとしてとらえるのが、比較制度分析といわれるアプローチである（青木・奥野、1996）。この考え方によると、様々な制度は、お互いに補完し合って、最も効率の良い均衡状態を作っている。したがって、環境が大きく変化

※14 米国の政治学者R．パットナムによれば、社会関係資本（social capital）とは、人々の協調行動を活発にすることによって、社会の効率性を高めることのできる、「信頼」「規範」「ネットワーク」といった社会的仕組みの特徴を言う（Putna、1993）

するときにはこれらの諸制度がそれぞれ変化して、新しい均衡状態へと移行する必要がある。

　このような変化の時期には、新しい均衡状態がどのようなものか誰にも予測できないので、変化することへの不安や抵抗感が生まれやすい。しかし、環境が変わっているのだから、古い均衡状態のままでいるわけにはいかない。そこで、いろいろな試行錯誤が活発に行われ、その中から新しい環境に最も適合的なものが見出され、それらが相互に整合的な形で収束していく必要がある。

　いつの時代も同じ、と言ってしまえばそれまでかもしれないが、子どもたちが、彼らを待っているこれからの新しい時代を生き抜いていくのは、並大抵のことではない。そんな子どもたちを応援するために私たちの社会が持っている学校というシステムが、彼らに本当に必要なものを用意してあげられる学校になっていくためには、それぞれの学校が、教育に関わる一人ひとりが、それぞれにいろいろなやり方を自分なりに工夫してみること、失敗もあるかもしれないけれど、そんな中から新しい学校の形が見えてくる、そんな風にして自らの形を探していく、そんな時期に私たちは今いるのではなかろうか。

　今のような学校制度は、世界的にみても、たかだか百数十年の歴史しかない。そして、地球上の生物の進化が証明していることは、変化には進歩と退歩があること、そして環境の変化に対応して自らを変化させられなければいずれ絶滅する、ということである。

演習問題

(1) 学校5日制の導入の際、学校が子どもたちを抱え込みすぎており、子どもたちを家庭に返す、地域に返すことが必要であるとの議論がなされたが、実際には、家庭や地域の教育力は低下してきており、結局子どもたちの居場所がなくなったとの指摘もある。しかし、学校が再び子どもたちを抱え込もうとしても、学校の機能には限界がある。ではどうすればいいのか。

(2) 私立学校に在学する生徒の保護者は、公立学校の運営のための税金を払う必要はなく、その分の税収は私学助成に回すべきである、という主張についてどう考えるか。

■資料　地方交付税制度の概要

①地方交付税制度の目的

地方団体の自主性を損なわずにその財源の均衡化を図り、交付基準の設定を通じて地方行政の計画的な運営を保障することにより、地方自治の本旨の実現に資するとともに、地方団体の独立性を強化すること（法1条）

◎財源の均衡化（財政調整機能）

地方団体間における財政力の格差を解消するため、地方交付税の適正な配分を通じて地方団体相互間の過不足を調整し、均てん化を図る。

◎財源の保障（財源保障機能）

・マクロ…地方交付税の総額が国税5税の一定割合として法定されることにより、地方財源は総額として保障されている。

・ミクロ…基準財政需要額、基準財政収入額という基準の設定を通じて、どの地方団体に対しても行政の計画的な運営が可能となるように、必要な財源を保障する。

②運営の基本
◎地方交付税の総額を財源不足団体に対し、衡平に交付しなければならない（法3条1項）
◎交付にあたっては地方自治の本旨を尊重し、条件を付け、またはその使途を制限してはならない（法3条2項）
◎地方団体はその行政について合理的、かつ妥当な水準を維持するように努め、少なくとも法律またはこれにもとづく政令により義務づけられた規模と内容とを備えるようにしなければならない（法3条3項）

③地方交付税の性格
◎地方団体共有の固有財源
地方交付税は、本来地方団体の税収入とすべきであるが、地方団体間の財源の不均衡を調整し、すべての地方団体が一定の水準を維持しうるよう財源を保障するという見地から、国税として国が代わって徴収し、一定の合理的な基準によって再配分することとされており、いわば「国が地方に代わって徴収する地方税である」（固有財源）という性格を持っている。
◎地方の一般財源
地方交付税の使途は、地方団体の自主的な判断に任されており、国がその使途を制限したり、条件を付けたりすることは禁じられている。
この点で、地方交付税は国庫補助金と根本的に異なる性格を有しており、地方税と並んで、憲法で保障された地方自治の理念を実現していくための重要な一般財源（地方の自主的な判断で使用できる財源）である。
◎国と地方の税源配分を補完
国と地方は相協力して公経済を担っており、歳出面での国と地方の支出割合（純計）は、約2：3となっており、地方の役割が相対的に大きい。
これに対して、租税収入全体の中における国税と地方税の比率は約3：2となっており、地方に配分されている税収は相対的に小さい。
地方交付税は、国と地方の財源配分の一環としてこうしたギャップを補完する機能を果たしている。

④地方交付税の総額
◎法定5税分
・所得税および酒税の32%
・法人税の32%
　　（12年度から当分の間35.8%）

・消費税の29.5%
・たばこ税の25%

｝合算額

◎特例加算分等
　この他、各年度の地方財政対策による、一般会計からの加算、借入金の返済などがある。

⑤地方交付税の種類
◎普通交付税
・財源不足団体に対し交付
・交付税総額の94%
◎特別交付税
・普通交付税で捕捉されない特別の財政需要に対し交付
・交付税総額の6%

⑥普通交付税の額の決定

各団体毎の普通交付税額は次の算式で計算

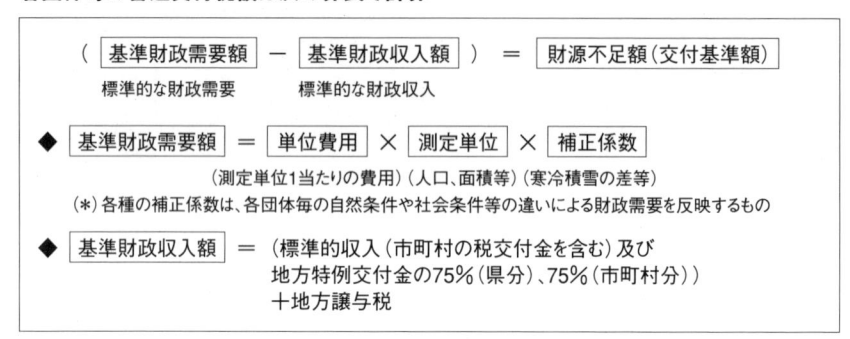

(基準財政需要額 － 基準財政収入額) ＝ 財源不足額（交付基準額）
　標準的な財政需要　　　標準的な財政収入

◆ 基準財政需要額 ＝ 単位費用 × 測定単位 × 補正係数
　　　　　　　　（測定単位1当たりの費用）（人口、面積等）（寒冷積雪の差等）
　（＊）各種の補正係数は、各団体毎の自然条件や社会条件等の違いによる財政需要を反映するもの

◆ 基準財政収入額 ＝ （標準的収入（市町村の税交付金を含む）及び
　　　　　　　　　　地方特例交付金の75％（県分）、75％（市町村分））
　　　　　　　　　　＋地方譲与税

普通交付税の仕組み

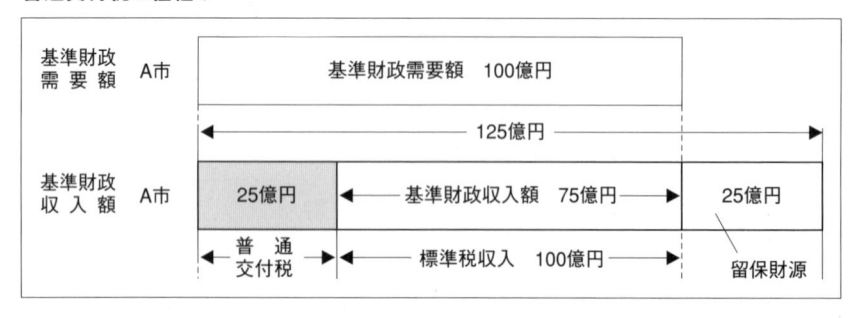

基準財政需要額	A市	基準財政需要額　100億円			
		←――――――――125億円――――――――→			
基準財政収入額	A市	25億円	←―基準財政収入額　75億円―→	25億円	
		←普通交付税→	←―標準税収入　100億円―→	留保財源	

⑦特別交付税の額の決定

　特別交付税の額は、
　・基準財政需要額に捕捉されなかった特別の財政需要があること、
　・基準財政収入額に過大に算定された財政収入があること、
　・普通交付税の額の算定期日後に生じた災害等のための特別の財政需要があること
などを考慮して決定される。

⑧地方交付税の交付時期
◎普通交付税
各地方団体の資金繰り等を考慮し、4月、6月、9月および11月の4回に分けて交付される。
◎特別交付税
年度途中における財政需要等も考慮する必要があることなどから、12月および3月の2回に分けて決定・交付される。

【参考文献】

●第1章
肥田野直・稲垣忠彦 編『戦後日本の教育改革6』東京大学出版会、1971

●第3章
認定こども園法研究会 編『認定こども園法の解説』中央法規、2006
文部省『幼稚園教育百年史』ひかりのくに、1979
文部科学省『幼稚園教育要領解説』フレーベル館、2008
厚生労働省『保育所保育指針解説書』フレーベル館、2008
保育法令研究会 監修『保育所運営ハンドブック（平成20年度版）』中央法規、2008
ジェラルド・S・レッサー、山本正・和入明生訳『セサミストリート物語』サイマル出版会、1976年
OECD "Starting Strong II: Early childhood Education and Care "OECD Publishing, Paris, 2006
L. J. Schweinhart, J. Montie, Z. Xiang, W. S. Barnett, C. R. Belfield, & M. Nores "Lifetime Effects: The High/Scope Perry Preschool Study Through Age 40" HighScope Press, Michigan（Ypsilanti）, 2004

●第4章
文部科学省『特殊教育百二十年史』
文部科学省『平成19年度文部科学白書』
文部科学省初等中等教育局長通知「特別支援教育の推進について」（平成19年4月〔19文科初第125号〕）
文部科学省（特別支援教育関係）http://www.mext.go.jp/a_menu/01_m.htm

●第6章
小川正人『市町村の教育改革が学校を変える』岩波書店、2006
木田宏『逐条解説 地方教育行政の組織及び運営に関する法律』第三次新訂、

第一法規、2003
木田宏 監修『証言　戦後の文教政策』第一法規、1987
文部省『学制百年史』

●第7章
青木昌彦・奥野正寛『経済システムの比較制度分析』東京大学出版会、1996
木田宏・市川昭午『教育読本』東洋経済新報社、1986
小林雅之『大学進学の機会 ——均等化政策の検証』東京大学出版会、2009
小松郁夫・堀内孜 編著『現代教育行政の構造と課題』第一法規、1987
広井良典『持続可能な福祉社会——「もうひとつの日本」の構想』筑摩書房、2006
Krugman, P., The Conscience of a Liberal, W W Norton & Co Inc., 2007
OECD, Centre for Educational Research and Innovation (CERI), Measuring the Effects of Education on Health and Civic Engagement, 2007
Putnam,R., Making Democracy Work: Civic Traditions in Modern Italy, Princeton University Press, 1993
OECD, Education at a Glance 2008: OECD Indicators, 2008, http://www.oecd.org/edu/eag2008
文部科学省『図表でみる教育OECDインディケータ(2008年版)』http://www.mext.go.jp/b_menu/toukei/002/08092602.htm
文部科学省 http://www.mext.go.jp/
財務省「日本の財政を考える」http://www.mof.go.jp/zaisei/index.htm
総務省 http://www.soumu.go.jp/

【シリーズ・編集委員】

渡辺一雄（わたなべ・かずお）
玉川大学教育学部教授、教育博物館館長。1948年生まれ。京都大学教育学部卒業。文部科学省勤務などを経て、現職。

合田隆史（ごうだ・たかふみ）
文化庁次長。1954年生まれ。東京大学法学部卒業。北海道大学客員教授、埼玉大学・東京大学非常勤講師。

布村幸彦（ぬのむら・ゆきひこ）
文部科学省スポーツ・青少年局長。1955年生まれ。東京大学法学部卒業。東京大学教育学部非常勤講師。

村田直樹（むらた・なおき）
独立行政法人日本学術振興会理事。1956年生まれ。国際基督教大学教養学部卒業。文部科学省勤務を経て、現職。桜美林大学大学院非常勤講師。

【第2巻・執筆者】

布村幸彦	（第1、2、5章）
大谷圭介	日本学術振興会審議役（第3章）
永山裕二	文化庁長官官房著作権課長（第4章）
寺島史朗	文部科学省初等中等教育局初等中等教育企画課専門官（第6章）

教育政策入門 2
学校の制度と機能

2010年3月25日　初版第1刷発行

編　者	渡辺一雄
発行者	小原芳明
発行所	**玉川大学出版部**

〒194-8610 東京都町田市玉川学園6-1-1
TEL 042-739-8935　FAX 042-739-8940
http://www.tamagawa.jp/introduction/press/
振替 00180-7-26665

編集協力	吉田桐子
装　幀	柳原デザイン室
印刷・製本	創栄図書印刷株式会社

乱丁・落丁本はお取り替えいたします。
©Kazuo WATANABE 2010　Printed in Japan
ISBN978-4-472-40403-0 C3037 / NDC373

玉川大学教職専門シリーズ

教育行政と学校・教師〔第三版〕
高橋靖直（代表）著

社会と時代の所産である教育行政制度のもとでおこなわれている学校教育。教育行政の概略と基本的事項について解説し、具体的な学校教育の事実や問題を学ぶ。
A5判並製・256頁　本体1,900円

＊

学校制度と社会〔第二版〕
高橋靖直 編著

幼児教育から高等教育までを概観し、学校制度の歴史、構造、社会機能、性格、さらには近年顕在化している問題を検討。社会変化と学校制度の関係を理解する。
A5判並製・160頁　本体2,000円

＊

日本教育史
石川松太郎（代表）著

「真の人間に育てる教育はいかにあるべきか」を視点に、日本の原始・古代から近・現代にいたる教育の流れをたどり、明日への望ましい教育の姿を構想する。
A5判並製・260頁　本体2,400円

＊

教育心理学
作間慎一（代表）著

教育に関する諸問題について心理学的にアプローチし、子どもの発達と学習の支援に役立つ理論、知識を教育実践につなげる。育児や教育をとらえる枠組みを得る。
A5判並製・160頁　本体1,900円

＊

新説 教育社会学
加野芳正・藤村正司・浦田広朗 編著

学力問題、学歴、格差社会、いじめ、不登校など、現代社会で生起するさまざまな教育問題や現象に、社会学的にアプローチする方法を学ぶためのテキスト。
A5判並製・224頁　本体2,400円

表示価格は税別です。　　　　　　　　　　　　　玉川大学出版部